菩提樹と立ち葵の歌

～ショパン 音の日記～

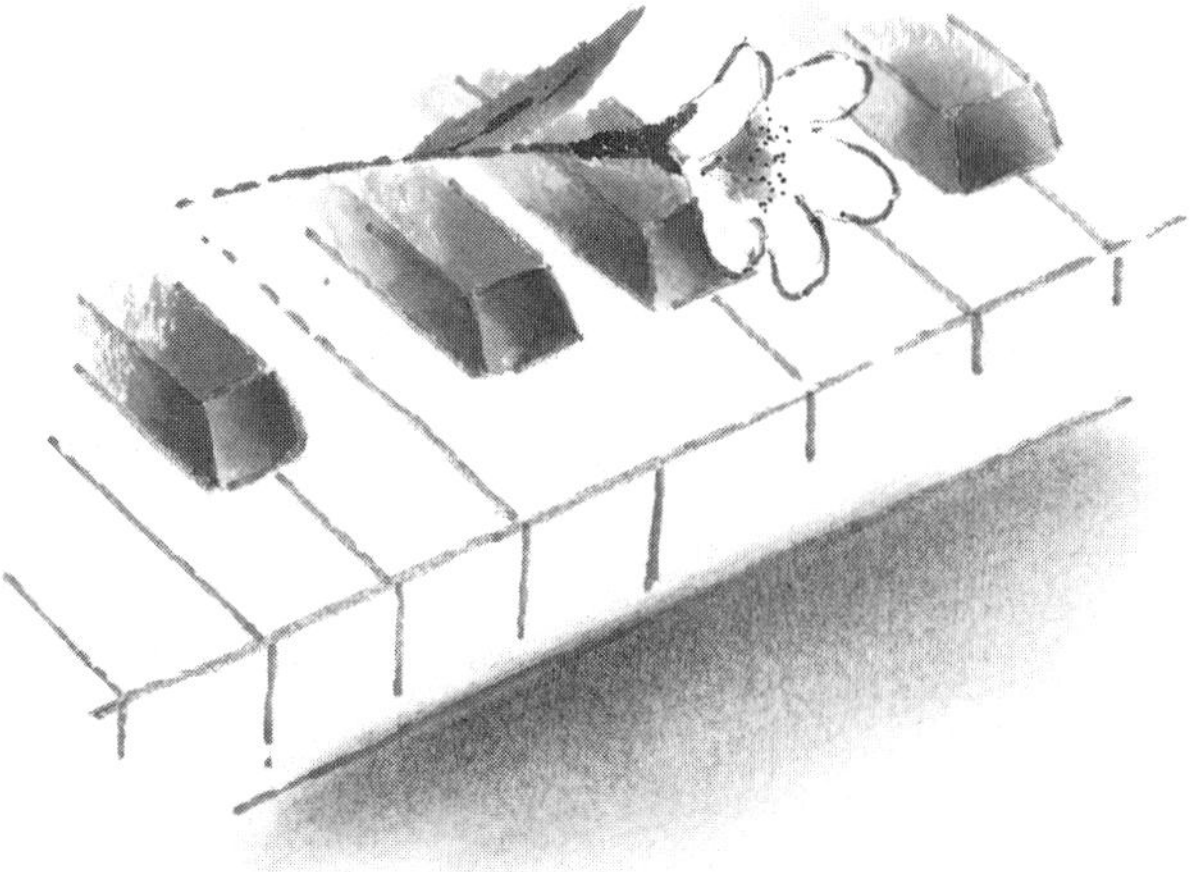

はじめに

ワンダ・ホトムスカ「ショパンの足跡を辿って」（Tam, gdzie był Chopin）は、ワルシャワ「国土出版」１９９０年初版本を底本とし、月刊「ショパン」誌上に２００６年1月号から12月号まで、すでにその一部が発表されている。

その時の日本語の題名は「ショパン音の日記」とし、内藤克洋現会長が「菩提樹と立ち葵の歌」という副題をつけてくださった。

著者はポーランドで著名な児童文学者であり、またシナリオライターとしても第二次世界大戦後のポーランドテレビ界で活躍したワンダ・ホトムスカ（１９２９年―）である。

作者は、あらゆる文献、資料、古いものでは例えば道路が木材や石などでも舗装されていない頃の「ワルシャワ御者物語」のようなものから、19世紀の「ワルシャワ方言辞典」にまで目を通し、ショパンの生きていた時代には今のノヴィ・シフィアト通り（いわゆるワルシャワの銀座通り）はノヴィクと呼ばれていたのだというようなことまで突き止めている。それればかりではなく、古い雑誌の年報を捜し回って、１９２６年のポーランド放送局の開局当時、どのようにして時報ごとにショパンのポロネーズイ長調が採用され、その一節を流すことになったというようなことにまで思いを馳せている。なぜならドイツ占領下のポーランドでは、ショパン音楽は軟弱ということで、一時放送禁止にされていたこともあったのだ。

その他、ショパン家の台所事情のようなものにまで目を通し、一つ一つ、点検、調査し、あらゆる機会を捉え、自分の足でショパンの足跡を追跡，立証しているところに本書の特色が見いだされる。

そしてどうしてもわからないようなところは、惜しみなく想像の翼をはばたかせてもいる。また実際にショパンの手紙の中にある「十字軍の基金で建てられたもの」では全くないというように、きっぱりと訂正し、「きっとショパンは間違った情報を掴んでしまったのだろう」とコメントしている。その他、多くのすでに出版されているショパン関係の書物には今まで掘り起こされてはいなかった未知の資料やエピソードが、できるかぎり本書には掲載されている筈である。

しばしば論争の的になっているショパンの生誕日に関しても、ショパンの母ユスティナ夫人が彼の誕生日は3月1日よと言っているのだからそれは3月1日に間違いないと断定している。なぜなら、母親がまさか自分の産んだ息子の誕生日を間違えることはありえないのだからと。

またショパンが子供時代に遊んだ「コチ・コチ・トントン、お手手叩いて」という遊びのことや、まるで日本の遊戯と大差ない「駒まわし」や「シャボン玉」、「隠れん坊」遊びのこと、ショパンが無類に好きであったすみれの花以外にも関心をよせていたのに違いないスノードロップやジャルノプワチという名も知れぬ花のこと、当時、ワルシャワでは入手困難だったシャファルニアのおいしい田舎パン（黒パン）など、また同国人で、しかも概して女性にしかわからない室内履きのクロステッチのこととか、壁紙の色のこと、ユスティナ夫人の髪の毛の色や、目の微妙な色のことにまで推察にせよ触れている。

フランス人らしく節約家で、謹厳そのものといった生粋のフランス生まれの父親とショパンの幼い恋のエピソードについても記している。それらすべてを著者はポーランド女性の誇りをもって全力をつくして一つ一つ、自分の目と足で確かめて一字一字タイプライターで叩いて書き上げたのに相違ない。パソコンなどはなかったのだから、ポーランド製のものにせよ、イタリア製の〝オリベッティ〟にせよ、1980年代、ノーベル賞詩人のシンボルスカも愛用し、当時ブームだったスウェーデン製の〝プレドム〟にせよ、肩にめりこむ労働だったであろう。

ワンダさんが、ショパンとは切っても切れないワルシャワのショパン協会やワルシャワ音楽院、ワジェンキ公園とも目と鼻の先に、長年住んでいらっしゃることも本書を通じて知り得たことであった。そこは私がワルシャワへ行くたびに必ず通る道筋であるが、そのワンダさんのお住いからショパン協会まで、42歩と29段と数え上げている徹底ぶりである。

1969年、初めて私がワルシャワの地に足を踏みおろしたその冬は、百年ぶりの厳寒ということで、毎日のように雪が降りしきっていた。雪は天空から垂直に地面に降ってくるというのではまるでなく、強風に煽られ、身長160センチの私の体に横殴りに吹き付けてきていた。ゴムルカ政権の末期、食料事情もことの他悪く、特に年取った人々は足を引きずるようにして歩いていた。第二次世界大戦の悪夢からまだ抜けきれていないその影の中の、そのまた影の、重く、憂い深い、帳《とばり》の中を人々は歩いていた。ある人は「グレイオブ　グレイ」と表現し、ある人は、「ワルシャワの空と街を鉛色の空とグレイの街が一つになって、人々をおしなべて陰鬱な気分にさせていた」と表現した（「アウシュヴィッツを志願した男」小林公二〝講談社〟）。しかし私には、そこはそれよりもっと重苦しく、濃く、深い影の中を人々が必死で生きているように感じられた。唯一、明るい希望を託せるものとはいえば、とびきりレベルの高い映画、演劇、前衛的な現代音楽の他、書店に並べられているシュールで芸術的な児童書、また「ルフ」という名のガラス張りのキヨスクに展示されている、安くて、ハンディな子供向けの本にひきつけられたものである。その中でいつも見かけたのが、ホトムスカのペーパーバックの絵本であった。何冊かを購入し、学生寮の一室で辞書を片手に一語一語、単語を引いていったものである。絵本といっても侮るなかれ、独自の児童語や言い回しがあって翻訳は結構難しい。そしてその学生寮の各部屋に必ず備え付けられてあるラジオから放送されてくる時報ごとに流れてきたのが、本書でも触れられているまさにショパン作曲のポロネーズの一節であった。今、現在、この時間、この自分がいるのは他ならぬ、このポーランドなのだ、ということをいやが上にも感じさせずにはおかない哀愁にみちたメロディーであった。

そして丁度その頃、夕方7時からのホトムスカの「子供のための千夜一夜物語」という番組が大ヒットしていたのであった。テレビが一台しか置かれていない学生寮の集会室のクラブではなかなかこの番組を観るということはできなかったのだが、リビングで子供たちをテレビに釘付けにしているのだということがよく耳に入ってきていた。

それでこの度、より多くの皆様にこの他でもないワンダさんの足とペンをもって書かれたショパンの本を読んでいただくことになったのは望外の喜びである。

思えば私が高校生の頃、ショパン好きの友人に誘われ、オーストリアーフランス合作によるショパンの伝記映画を観て以来、ショパンに夢中になり、そして音楽評論家の園部三郎氏による「革命的ピアノの詩人ショパン」というお話を聞いて以来、ショパンとポーランドは常に私と共にあった。その時の園部氏の風貌は、唯一の、そして最晩年のショパンの写真に酷似していた。人は一人の人を思いつめる、あるいは追求するとこんなにも似てくるものなのかと、今もその時の氏の立ち居振る舞いを思い出す。

その後、私はポーランド映画に傾倒し、ポーランド語を学び、ポーランドに留学まですることになり、さらにはショパンのバラード研究の世界的権威ヤン・エキエル教授の虎ノ門ホールでの「公開講座」の通訳までさせていただくことになったのだから、人の運命というものはわからないものだ。エキエル先生は、その後も私のことをよく覚えていてくださって、留学志望のピアニストにポーランド語を教えるという仕事まで紹介して下さったりした。

ただここで言っておかなくてはならないことは、本書「ここ、ショパンのいたところ」はポーランド各地と、外国ではベルリン、ウィーン、プラハまでになっている。

おそらくさまざまな制約により、その後、ショパンが足跡を残した国々、フランスの首都パリや、中部フランスのノアン、そして、スペイン領のマヨルカ、そして晩年に訪れたスコットランドまでには筆の及ばなかったことは作者にとっても残念なことであったのに違いない。

しかしきっと近い将来、それらの土地を自分の足で検証し、新しい視点でショパン音楽とその作者の足跡を辿る旅に出掛ける人物が現れることは想像に難くない。そのことに夢を託すことにする。

それでは、ワンダさんと共にポーランド各地、ベルリン、ウィーン、プラハへと、ショパンの足跡を辿ることにしましょう！

２０１７年　春

つかだみちこ

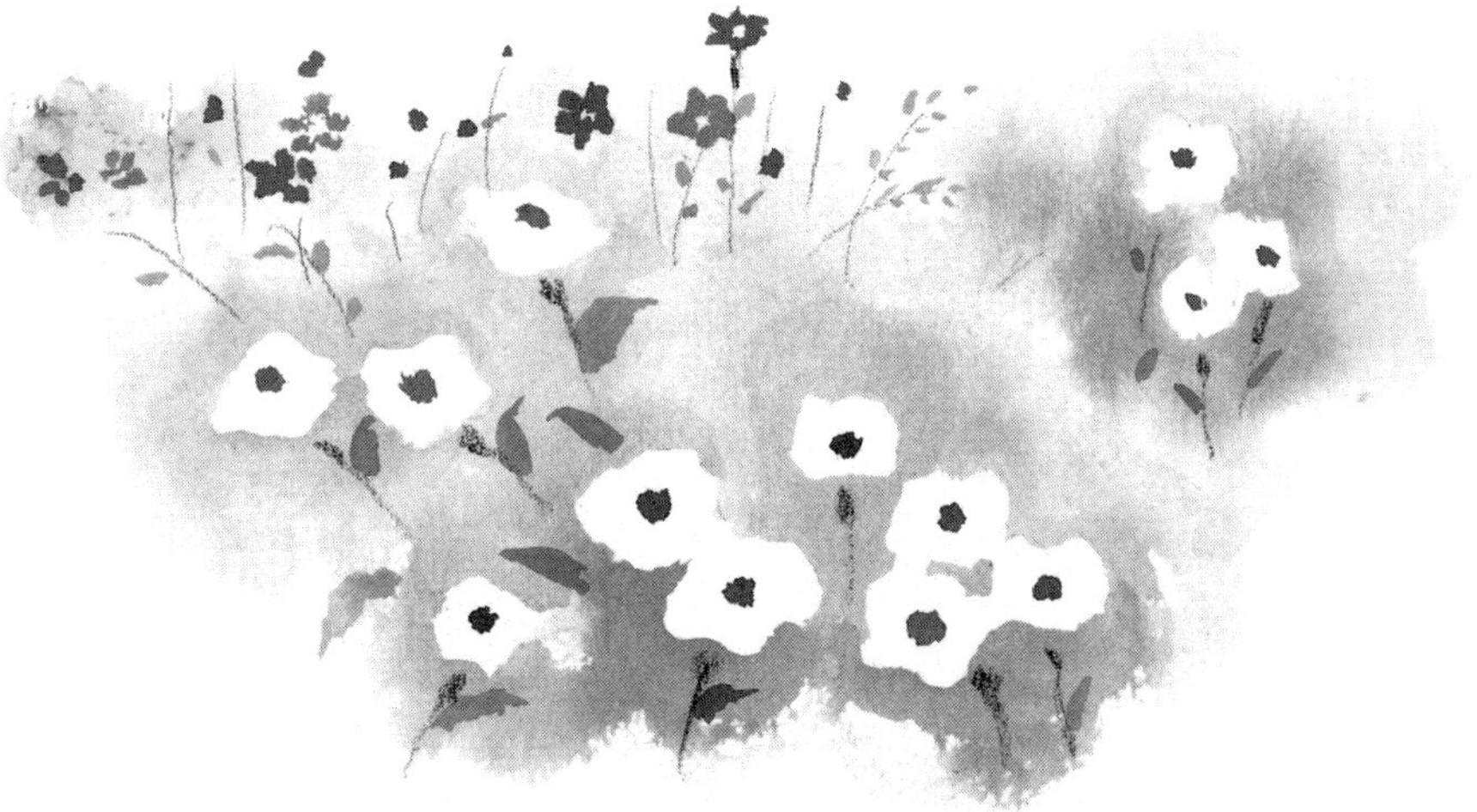

第1章　ジェラゾヴァ・ヴォラ

ジェラゾヴァ・ヴォラにて

ジェラゾヴァ・ヴォラの高い木々
ジェラゾヴァ・ヴォラの窓辺の立ち葵
小川のほとりにたつ白い館《やかた》
——ここなの？
——ここです、娘よ

菩提樹が子守歌を歌っていた
風が木の葉の歌を奏でていた

立ち葵が青い空のうたを口ずさんでいた
——今と同じように？
——娘よ。今と同じようにですよ

ジェラゾヴァ・ヴォラは
まるで庭全体が一羽の鳥になったように歌っていた
ここでは川のほとりで
コオロギがまだ鳴いている
牧場の水たまりで
こうのとりが鳴き
畑では刈り入れ人夫が鶉《うずら》を呼んでいる――
冬の間中マズルカが奏でられている

ジェラゾヴァ・ヴォラから音楽が
ショパンの世界に
戻ってくる
ショパンが生まれ
菩提樹が子守唄を歌った場所へ
風が緑の木の葉とたわむれ踊り
今私の娘が耳を傾けている

ショパン様がマズルカに微笑むように
ショパンの生まれたこの地に
賛嘆とともに

ジェラゾヴァ・ヴォラの小川

ジェラゾヴァ・ヴォラに私が初めて行ったのは、小学校の遠足でであった。といっても生徒としてではなく、私の娘のエヴァが小学校2年生の時、私はクラス担任の女教師の依頼でそれに同行したのであった。

――なぜってあなたはもうたくさんのことを知っていらっしゃるんですから、生徒たちも多くのことを学べると思うんですよ……。

その頃、別に私はたくさんのことを知っていたわけでもなかった。今ならかなり多くのことを知っている。知りあった人びと、通読した書物から多くのことを学んだ。私は絶えず学んでいる。そして、この遠足のときにも、子どもたち、娘やその友達の質問してきたことからたくさんのことを学んだ。バスに座るやいなや、庭園の中に入った途端、子どもたちからの質問は始まる。庭の景色は、ちょうどこの詩にあるそのままだった。このときの光景を後日、私は詩にしたのだ。樹木《じゅもく》や鳥、花々であふれた庭園に入るや女教師は言った。

――ほら、私たちは今ショパンの生まれた場所にいるのですよ……。

質問の雨が降ってきた。

――ここがそうなの？

――このお庭で生まれたの？

――いいえ、館のほうでですよ。

――でもどうして病院ではなかったの？

――だってあの頃はみんな自分の家で産まなくてはならなかったんですから。ショパンのお母様もそうしたのです。

こうして見学のあいだ中、彼らの質問は続いていた。

――でもどうしてこのお庭はこんなに大きいの？　どうしてこのお屋敷にはこんなにピアノがたくさんあるの？　きっとお金持ちだったんだね。ラジオはなかったの？　それに写真がぜんぜんないんだね……。

これらすべての質問は私にとって、彼らの目を見ながらのレッスンだった。彼らが私に学習の場を提供してくれた。そして今、大人とは違う、より子どもの目線でもっとよく見てみたいと努力している。なぜなら私は、再びジェラゾヴァ・ヴォラに来ているのだから。

ジェラゾヴァ・ヴォラの木は高く
ジェラゾヴァ・ヴォラの窓辺の立ち葵
小川のほとりに立つ白い館……

この小川はとても汚れている。今のところ立ち葵は咲いてはいない。しかしフレデリック・ショパンの生家の管理人は、立ち葵はかならず咲くに違いないと言っている。そしてウトラタ――小川はウトラタというのだ――は昔の優美なたたずまいを失ってしまっている。しかしこれも間もなく昔のようになるだろう。これは産業廃棄物の仕業でこうなってしまったのだから、すべての工場が川を汚すことをできるだけ早く止めなくてはならない！

2本の柱に支えられたポーチのある小さな平家が、木の屋根板つき瓦屋根の下にたたずんでいる。窓は低く、野ブドウが車寄せに蔦をからませている。それは決して大きなものではなく、つつましい。そしてとてもポーランド的だ。

かつてここに屋敷があった。大きなふたつの平家の別館のついた2階建ての邸には、ジェラゾヴァ・ヴォラの地主であるスカルベック伯爵が住んでいた。ここでショパンの両親は知りあった。ふたりは共にそこで働いていて、結婚が決まると邸の別館のひとつに住むようになった。現在その本館はもうなく、別館がただひとつだけ残されている。これがまさにショパンの生まれた邸である。

そしてそこには、梁のめぐらされた天井の低い部屋、古めかしい家具などがある。それはかつて彼らの使っていたものと同じものなのか？　いいえ、当時のものはもうない。もう朽ち果ててしまったのか、または世界中に散らばってしまったのか。今、ここにあるのは、18世紀の後半、または19世紀のものである。

父の肖像

このエレガントで、こちらを伺うように見つめている生真面目そのものに見える紳士が、ミコワイ・ショパンである。常にこの肖像画のように真面目な人物であった。彼について書いた人すべてが、このことを力説している。彼は真面目で、非常に誠実、優柔不断で、倹約家、控えめな人であった。自分のことを話すのが嫌いで、子どもの頃のことは決して話そうとはしなかった。そのため資料のみでしか知ることができない。それによると、1

777年4月15日に農村の車大工の息子としてフランスで生まれ、その父親の名前はフランチシェックといった。

16歳の少年としてミコワイはポーランドへやってきた。そしてその時からポーランドが彼の祖国となった。ミコワイは、5月3日の憲法制定や、その後ポーランドが独立を失った時など、歴史的大事件に立ちあうことにもなった。人びとがロシアの分割と戦った時には、コシチュウシコ*の蜂起に参加し、負傷した。蜂起の敗北の後は、青少年の教育にあたった。フランス語、その他にポーランド語、ドイツ語ができ、博学の人であった。

彼の生徒のひとりが、ジェラゾヴァ・ヴォラの地主フリデリック・スカルベック伯爵の息子であった。自分の教師について、この息子は後年次のように書いている。

「ポーランド人に敬意を払い、土地や人びとに感謝し、人びとを手厚くもてなし、親友を作り、適切なやり方で生活を維持し、その子孫たちを役にたつ市民とするべく良心的に育てていた。長年ポーランドに住み、ポーランドの人々と家族ぐるみで親しく交流し、特にポーランドの女性と結婚したことにより、名実共にポーランド人となった」

そのポーランドの女性こそ、ユスティナ・クシジャノフスカその人であった。彼らは1806年に結婚した。

＊（1946—1817）ポーランド最初の独立蜂起を指導。アメリカの独立運動にも大きな力を発揮する。

母の肖像

24歳のユスティナ・クシジャノフスカ嬢がミコワイにお嫁入りしたときは、まだこんな感じではなかったに違いない。この肖像画はだいぶ後のものだと考えられる。当時、農村の習慣ではこのような帽子は若い既婚女性が被っていた。家で婚礼を催す時には、年長の女主人が、花嫁に帽子を被せる。これが、彼女を自分のグループに受け入れたのだという印だった。

ユスティナ嬢はとても貧しかったが士族《シュラフタ》の出身であり、士族の習慣では、この肖像画に見られるようにレースの帽子を被るのは、年配の既婚女性であった。

帽子が髪型をかくしているので、ユスティナ夫人の髪の色とかそういったことも私たちにはわからない。たぶん、アッシュブロンドで目は灰青色、優しく暖かい色をしていたのに違いない。そしてきっと彼女は優しく、温かく細やかな愛情の持ち主であったのに違いない。早くに両親を失い、孤児になっていた彼女にとって、温かい家族こそかけがえのないものであり、自分の子どもたちに確保してやりたいものであった。

ミコワイ青年と結婚する前、ユスティナはスカルベック伯爵家の家政をとりしきっていた。その後は自身の家庭で主婦となり、家事と育児に掛かりきりになった。その家庭については、こんな回想が残されている。

「ショパン夫妻の家庭は特別の温かい雰囲気であふれていた。特に優しかったのはショパンの母親であった。まれに見る優美さとやさしさにあふれていて、それを自分の子どもたちひとりひとりに等しく分かち与えていた。音楽の才能に恵まれているのが見てとれた」

ユスティナ夫人は、とても音楽的な人だった。ピアノを弾き、美しい声で歌った。さらに、大変やりくり上手で、しかも機転のきく女性だった。ミコワイが気に入ったのも無理からぬことだ。ふたりはとても愛しあっていた。結婚式はブロフフの教区でとりおこなわれ、1807年に長女のルドヴィカが生まれ、3年後に息子が生まれた。

ユスティナ夫人の肖像は彼女の部屋に掛けられている。そばの庭に面したアルコヴァ（小さな寝室）に、チェンストホヴァの聖母マリアの肖像画がある。

窓から太陽が覗いている。ここがまさにショパンの生まれた場所である。このアルコヴァが。

子守唄

息子よ　いとしい息子よ
ゆりかごの中で
枕が　お前を待っている
安らかにお休み　坊や

枕の中の羽は
裏庭のあひるから
貰ったものだよ
大きくなったら
あひるにお礼をいうんだよ

揺りかごは
お前のよく知っている樹木たちからの贈りもの

大きくなったら
家のうしろにどんなにたくさん
樹木があるかみてみるがよい

お前に枕がほほずりしている
揺りかごはもう揺れはじめ
私はお前の待ち受けていた
歌を歌う

こんなにも素朴で　平凡な歌
他のことはわからないけれど
大きくなったら
母の歌った歌でお前は何をする?

第2章　洗礼証明書

ブロフフ

ブロフフは、ジェラゾヴァ・ヴォラからすぐ目と鼻の先、わずか20キロメートルの地点にある。聖ロブが召しだされた教会は、遠くからも見え、褐色の煉瓦で建てられた３つの櫓と城壁と高い尖塔を持っている。われわれにとっては、それは教会というより、要塞かまたは古いお城のようにも見える。ともかくこれは、16世紀に建てられた本当に古い教会なのだ。今はもう歴史遺産といったほうがよいかもしれない。防衛建築として保存されている数少ない教会のひとつである。しかしわれわれにとって大事なのは、教会の重要書類保管室にある書類だ。ショパンの出生証明書と洗礼証明書を見たいのだ。

「１８１０年４月20日、午後３時、ブロフフ教区祭司は、ワルシャワ地区ソハチェフ郡、ブロフフ教区の郡役所の登録状態を検討し、ミコワイ・ショパン、ジェラゾヴァ・ヴォラ村住民である40歳の父親は、その嫡男が２月22日、夕方６時に自宅にて出生したこと、妻クシジャノスキ家の娘ユスティナ28歳との間に儲けた子どもであること、そしてその新生児には、フレデリックとフランチシェックのふたつの名前をつけたいとの意向を申し出た（……）」

この22日という誕生日の日付は本当に正しいのか？　教区司祭は間違ってはいないか？この書類には多くの間違いがある。ショパンのスペルが「Ｃｈｏｐｙｎ」とｉのかわりにｙになっているし、父親の歳に関しても同意できない。ショパンの父親はまだ40歳にはなっていなかったはずである。そして洗礼証明書のほうも、名前が「Ｃｈｏｐｐｅｎ」になっていることを考えれば、誕生日ももしかして間違っているのではないか？

ショパンはいつでも自分の誕生日を3月1日と記していた。ユスティナ夫人も同じように言っていた。息子への手紙の一通に、こう記してある。

「3月1日、そして5日が近づいてきました。でも私はあなたを抱きしめることができません。（……）」

3月5日というのはフレデリックの命名日であり、1日は――これは絶対に誕生日ということである！　どんな母親であろうとこういった日を決して忘れるものではない。私はユスティナ夫人を信じている。彼女が間違えるはずなど絶対にないのだ。ただ、教区の帳簿では22日になっている。ポーランドの偉大なる作家であり、音楽の専門家でもあるヤロスワフ・イヴァシュキェヴィッチは、やはりこの点に注目していた。ショパンについての自身の書物の中で、以下のように記した。

「ささいな事柄が時に、後にインクの海となってしまうような大きな波紋を引きおこすことがある。復活祭の2日目のことであった。ソハチェフのブロフフの教区教会の司教代理は、洗礼のあったジェラゾヴァ・ヴォラから自分の教会に戻ってきた。そして最近洗礼を行った子どもの出生証明書を改めて書きうつそうとした。彼は自分のずさんさが後にどんな結果を引きおこすことになるかなど、まったく予想だにしなかったのである。

――それでこの子はいつこの世にお出ましになったのかね？

彼はこう訊ねた。彼はもう有頂天になっていた。新生児の父親というのが生粋のフランス人で、葡萄酒についてめっぽう詳しいのを知っていたからだ。

――そんなこと知らんよ。もう2ヵ月になるとかって聞いたけど。

――ほう……。

司祭代理は思いをめぐらせた。

――2ヵ月だって？　っていうことは2月23日に生まれたっていうことになる。じゃあ23日と書けよ……。

――でもきっかり2ヵ月になっているかどうか？

――それなら2月22日と書くがいいさ。

――そうさな。

オルガニストは声に出して言いながら、その日付を記した。

――上記のごとく（プロフフ教会司教代理ユゼフ・モラフスキ）はミコワイ殿の新生児に対し洗礼の儀式を取りおこなったことをここに記すものである。……この名前のスペルはどう書くのかね？

彼は神父様に訊ねた。

――そんなことは神のみぞ知る。士族《シュラフタ》の名前ではないな。お前さんの好きなように書いといてくれ。

――『Ｃｈｏｐｐｅｎ氏の息子は……』


ブロフフの尖塔を持つ砦をめぐらせた古色蒼然たる教会の聖所で、このような会話が取り交わされたのではないかと想像するに難くない。この日付をめぐって、後世どんなに多く語られ、書かれもしたことだろうか。そしてこの神父は、このもっとも偉大で傑出したポーランドの音楽家に洗礼を施し、また長い年月にわたって、この日が多くのポーランド人にとって重要な日付になろうなどとどうして知りえたであろうか」

だから２月22日ではない、３月１日なのである。しかし今、私は自分でこのことを考えてみたい。どうしてこの第2の名前がショパンの戸籍証明書に？　なぜって彼は、フレデリック・フランチシェックなのだから。第1の名前は名付け親からとわかっている。戸籍簿には、グレンベツキ某となっているが、これは明らかに何かの間違いである。ショパン家の人びとは、ミコワイ氏の生徒の父親であるフリデリック・スカルベック伯爵を名付け親とし、名前を貰っている。しかしこの第2の名前のフランチシェックは？　私の娘にも第2の名前として祖母のヘレナの名がついている……だからこのフランチシェックはひょっとしてショパンの祖父の名をもらっているのでは？　ミコワイ氏の父親、つまりフランスの農村の車大工であった人がフランチシェクという名前であったのだから。

美しい名前。聖フランチシェク――小鳥や動物の保護者《パトロン》であった聖人の名前。ブロフフの教会のそばにはこんなにも多くの鳥がいる。そしてジェラゾヴァ・ヴォラでも鳥たちはまるで一羽の鳥のようにあんなにも歌っていたではないか。

ジェラゾヴァ・ヴォラではまるで庭全体が
歌っているかのようであった
――まるで一羽の鳥が歌っているかのように……

春の間、ずーっと邸の窓の下で、そして夏には、小さなフレデリックの揺りかごの上で。そして1810年の10月、ショパン一家はワルシャワへと移り住んだのであった。

最初の旅

ジェラゾヴァ・ヴォラからワルシャワへ行く一番よい舗装道路は道路マップにEの8番と記されている。E‐8というのは国際自動車道路の標記だ。54キロほどの道のりだから、小一時間ほどで行くことができる。

しかし当時——まだ誰も自動車のことなど夢にも思いつかず、アスファルトの道もなく、距離もメートル法ではなく、マイルで測られていた頃のこと——旅とはどんなものだったのだろうか。どんな乗り物が使われていたのだろうか？　そしてどんな道路だったのだろうか？

この最後の質問にはすぐに答えることができる。ワルシャワ周辺の最初の舗装道路の建設がおこなわれたのはその10年もあとのことなので、木材や石で舗装された道路というのはまだなかった。私が古い「ワルシャワ御者物語」をひもといて調べたところ、道路はとても貧弱なもので、交通も困難をきわめていたようだ。それではせっかくなので、ここで御者さんに発言してもらうことにしよう。「餅は餅屋」というものだし、その当時の道路に関してはなんといっても彼らが一番よくわかっているはずだから。

「当時、郵便馬車を見つけることは、本当にたまさかのことでした。ユダヤ風の荷馬車をよそおわなくてはならない場合もありましたが、それはもう、雨や耐えがたい風をよけるための覆いもないような代物でした。そして、道路が壊れたり、崩れてしまったりという理由で何度も途中で車を止め、いたずらにただ時を過ごさねばならないといったようなこともしばしばあったのです。腹ごしらえすることすらままならなかったのですよ」

ショパン夫妻もこんな体験をしたのだろうか？　たぶんそうではなかった。そうする必要はなかっただろうと思う。郵便馬車ではなく、道具や家具、やっと6ヵ月になったばかりの息子の揺りかごなどは荷馬車に乗せ、自分たちは馬車でやってきたのだろう。もちろん自家用のものではなく、自分では持っていないから、スカルベック伯爵が大型箱馬車のひとつを貸してくれたのに違いない。

そして道中のお弁当にも問題はなかったと思う。やりくり上手で、心配りの行き届いたユスティナ夫人は、食べ物で一杯にしたバスケットを用意していたのに違いないのだから。

マゾフシェの野や砂地を定番の箱馬車が走って行く！　御者台の御者が手綱をプルルと引き締める。さぁ、ハイドウ、油断大敵！　お馬はピン、ピン、走れ、走れ、トロットで。

ユスティナ夫人はバスケットからロースト・チキンや固ゆで卵を取り出す――旅行では、いつだって固ゆで卵でお腹をなだめるのだから。[*1]フリツェックはおくるみにくるまれて眠り、[*2]ルトカは鼻をガラス窓にこすりつけて外の景色にみとれ、ミコワイ氏は何事か物思いにふけっている。ワルシャワまで、まだかなりの道のりだ。しかしミコワイ氏の思いはもうそこ、ワルシャワ中学へと飛んでいる。中学はサスキ宮の中にあり、その隣が教師たちの住居になっている。彼はそこでフランス語の授業をおこなうことになっていた。道中、そのことを考えていたのだろうか？　旅はこんな具合だったのだろうか？　ミコワイ氏が家族史をつけていなかったのは残念至極！　こちらはのべつ幕なしに推測していなくてはならないのだから。何時に出発したのだろうか？　早朝であったのに違いない。途中、何回停車したのだろうか？　馬に水を飲ませたり、餌を与えなくてはならないので、何回か車を止めては道端の居酒屋や旅籠屋に立ち寄り、お茶を飲んで、御者の、知り合いとのお喋りが終わるのを待ったことだろう。

　そして、ワルシャワに乗り入れる前には、強制的に停車しなければならない場所があった。ヴォラの街角の停車場だ。当時はヴォラから車を乗り入れた。今はワルシャワの一地区であるが、かつてそこは農村であった。首都のすべての道へと導く、当時「街角」と名付けられていた建物があった。そこでは街への乗り入れ料を徴収していて、「蹄」と呼ばれていた。なぜならその料金は実に馬車を引く馬の数によっていたからだ。

もしジェラゾヴァ・ヴォラを朝、発ったとすると、彼らが新しい住居であるサスキ宮の中庭に到着したのは、夕方より前ではなかったはずだ。

こうしてサスキ宮の中学校に隣接したその場所が、ワルシャワでのショパンの最初の住まいとなったのであった。

*(1)フレデリックの愛称。
*(2)ルドヴィカの愛称。

サスキ宮

この宮殿の中庭は、のちにサスキ宮殿と呼ばれ、現在はユゼフ・ピウスツキ将軍広場と呼ばれている。幾度となく、その名称と外観は変わっている。当時は、車でクラクフ郊外通りまで行けば、そこからぴったりと宮殿の表玄関まで乗りつけることができた。管理部門の建物、車置き場、納屋、広大で多層構造のそで（翼）を持つ宮殿の西側全体が、現在の広場に面していた。そして、宮殿の裏が庭園になっていた。

今日、この宮殿はもう存在しない。第2次世界大戦下戦禍に遇い、廃墟から甦ることはなかった。建物の前面は円柱とアーケードの残骸だけが保存されているのみで、その先に現在の無名戦士の墓がある。そして庭園も残っている。ただそれだけが、昔の名称、「サスキ」を留めている。しかしもう当時の面影はない。大幅に縮小され、オランジェリア（温室）、射撃場、装飾の施された東屋もない。小さな東屋も異国風な植物も……。ただマロニエだけが当時と同じように春になると花を咲かせ、秋になれば、褐色の丸い木の実を落とす。まさにこの場所が、小さいフリツェック坊やが人生最初の第一歩を踏み出したところだ。ここが彼の最初の散歩道であり、遊び場であった。

どうやって遊んでいたのだろうか？　当時の子どもの遊びというのはどんなものであったのか？　今とは随分違っていたのだろうか？

図書館でクレメンティナ・タンスカ・ホフマノヴァ＊の「子どものための遊戯と玩具」という本を見つけた。この著書の作者はショパンと同時代に生き、幼少時代の記憶をもとに玩具について記録を残している。

＊児童文学者。１７９８年ワルシャワに生まれ１８４５年パリ近郊で死去した。

当時の遊戯と玩具

まず最初に小さな子供のための遊び『コチ、コチ、トントン、お手々叩いて』。これは歌を歌いながらリズムにあわせて手を叩く遊びである。

「コチ、コチ、トントン、お手々叩いて
おばあちゃんちへ行こう
おばあちゃんはカーシャ*
おじいちゃんは拍手」

まだ幼いフリツェックとだれが遊んだのだろうか？　ユスティナ夫人、それともお姉ちゃんのルトカ？　きっとルトカに違いない。弟を膝にはさんで、手で抑えて、鶏がどうやって卵をあたためるのかやってみせたのだろう。

「ほらほら鶏がキビのひきわりあたためている

嘴《くちばし》を火傷するよ。
ほらほら
お手々がちぎれてしまう
そして雌鳥は飛んで行ってしまった！」

そして今度は『だんなさんが行く、だんなさんが行く』
――だんなさんが行く、だんなさんが行く！――
ルトカが叫びフリツェックがお姉ちゃんの膝の上でお馬のようにピョンピョン飛び跳ねる。

「だんなさんが行く
お馬の上で
ユダヤ人が行く
お馬の上でハイドー、ハイドー
お百姓さんも行く
お馬と一緒にホップ、ホップ！」

きっとルトカは、弟と羊の角つき遊びもしたに違いない。これは額と額をつきあわせて「羊、羊、トリック！」と言って遊ぶ――2匹の羊が角を突き合わせるようにする。それから、石鹸の泡をストローでふくらませて遊ぶ「シャボン玉遊び」。そして、「チガ」あるいは「フリガ」といわれていた独楽でも遊んだに違いない。これは、木製の球状のものに足がついている独楽を床に置いて回し、紐状の笞《ムチ》でヒューヒューと駆り立てるようにする遊びだ。

そしてフリツェックがもう少し大きくなると、ルトカはサスキ宮の庭園できっとボール遊びをしたに違いない、また「目隠し鬼ごっこ」や「うすのろ」、「猫と鼠」なんかも。ぼうぼうに生い茂っているやぶの中に、姉さんの目をくらまして「かくれんぼう」をし、マロニエの木の下で見えなくなってしまった弟を姉は探しまわる。

＊オートミールなどのおかゆ

マロニエ

——ホップ、ホップ！　フリツェック、あんたはどこにいるの？
ルトカがあんたを呼んでいるわ
もう庭中走り回ったのよ

——ホップ、ホップ！　負けるが勝ちよ、アップップ！
猫や鼠をからかってはダメ、
猫はもうクタクタ
息が詰まってしまうだろうから

こんなお遊戯はもうたくさん！
一言でいいから何か言って！
マロニエの並木道で
ただ木の葉がささやく

でもだれか彼を見かけたかしら？
小リスがほらあなからでてきたわ
栗の実を拾っていた
小さな、痩せっぽちの男の子

――でも栗の実でもっこりふくらんじゃっている
きっとポケット一杯拾ったんじゃないの？
――それはきっと秋のなくした
メロディーだったのかも

音楽のアルファベット

アルファベットはａから始まる。音階もやっぱり同じようにａからはじまる。「ａａａ――２匹の子猫」というように。では子守歌から。

「Ａａ――２匹の子猫
２匹とも灰色と茶のブチだ
なんにもしなくて
ただ坊やとだけ遊んでいる」

――ユスティナ夫人は小さなフリツェックに歌ってきかせる。それからふたりの姉妹にも。フリツェックの１年後に生まれたイザベラにも、そしてその３年後に生まれたエミルカにも歌ってきかせた。

ズジアもやっぱり歌ったのに違いない。４人の子どもをひとりで扱いきることなどできなかっただろう。それで、ユスティナ夫人ひとりで育児をしたのではなく、ズジア――ズザンナ・ビエルスカが手伝った。彼女は長年にわたってショパン家に住みこみで手伝っていた。私たちはそのことを家族の書簡で知ることができる。ショパンは彼女に対して自分の姉妹と同じように接していた。知人たちは、彼女のことを「ズザンナおばさん」と呼んでいた。ズザンナはユスティナ夫人の縁筋の女性で、そうであるからには、彼女もやっぱり歌が上手だったのだと思う。ユスティナの親類の人びとはみな、音楽的才能に恵まれていた。

ズジアはきっと『庭のゾシャ』という歌を歌っただろう。ブルーベリーを欲しがったゾシャの歌を。

「ゾシャはブルーベリーが欲しかった
でもお金がない
ヤシの庭にはブルーベリーがいっぱい
でも恥ずかしくって言えやしない……」

そしてラウルとフィロンの牧歌も。

「もう月が空にのぼり
犬も眠ってしまった
森の向こうに
ざわめきが
優しいフィロンが
きっと待っている

すずかけの木の下で……」

そしてすべての娘たちに愛された軽快なマズルカのメロディーにのった『ふたりのマリシャ』も。

「ふたりのマリシャが
恋におちた
ふたりともヤシが大好きで
あんたがあたしのヤシをあきらめるか
あたしのほうが身を引くか！」

当時、これはもっとも流行っていた今でいうヒットソングで、ズジアのレパートリーの中に絶対にあったと思われるものだ。ユスティナ夫人も口ずさんでいたに違いない。ユスティナ夫人は単に美しく歌っただけでなくピアノにも堪能であった。だから家にはピアノがあった。そしてフルートもヴァイオリンもあった。ミコワイ氏も弾くことができた。プロではなかったが、アマチュアとしてそれなりに嗜むことができた。そして、たぶんこうした楽器というものについてはそれほど重きをおいてはいなかったのではないかと思う。もしそうでなかったら、小さな息子にフルートを玩具として与えることはなかっただろう。ミコワイ氏が与えたフルートを、フリツェックが壊してしまったのはよく知られている。

この出来事があってからは、ヴァイオリンを玩具として与えなかったはずだ。だからフリツェックは、父親や他の人が弾くのをただ聴いていなくてはならなかった。ショパン家の人びとと親交のあったカジミエシ・ヴィチツキは次のようなエピソードを書いている。

「冬のある日の夕方、父親と連れだって帰る途中、飲み屋で威勢のいいヴァイオリン弾きがマズルカやオベレクをエネルギッシュに弾いているのが聴こえてきた。その個性的で力強い演奏に衝撃を受け、窓の下でフレデリックは立ち止まってしまった。そしてもっと聴いていたいと父親にせがんだ。彼は民衆のヴァイオリンのメロディーをどうしても聴きたかったのだ。そうやって半時間そこに立ちつくしていた。家にもう帰ろうとせき立てても、無駄。フレデリックは音楽が終わっても、まだ窓の下から立ち去ろうとはしなかった」

さて、本題のピアノに戻ろう。ユスティナ夫人は、夫がヴァイオリンやフルートを奏でるようにやっぱりアマチュアとしてピアノを弾いたのだろうか？　たぶんもうちょっとましだったのではないかと思う。彼女は中学に通う少年たちに家でピアノを教えていたのだし、ルトカには音楽の基礎を教えていた。そしてルトカはそのフレッシュな感性で吸収したものを、そのまま弟に伝授した。

このピアノのレッスンは、ショパンが5歳になった時に始められた。5歳の生徒と8歳の先生……ショパンに関するすべての書物にこのことが書かれている。そして何人かは、ユスティナ夫人が息子の音楽教育を軽視し、8歳の娘にこの役を押しつけたのだと考えた。しかし私はそうは考えない。この賢い世話係のルトカは、ユスティナ夫人がどれほど忙しいか――家事、夫の世話、4人の子ども――とくにまだおむつのはなせないイザベラとエミルカにどれくらい手がかかるかを考えて、自分でこの役を買ってでたのではないか。

「私がフレデリックの面倒を見ようかしら?」

または、なにも言わずに弟をピアノのところに連れてきて、椅子に座らせたのではないだろうか。その頃はその場所は自分ひとりで占領していた。なぜならママからルトカがレッスンを受けているときフリツェックもやっぱりそれに参加していたのだが、彼はピアノの下で聴き耳をたてているだけだったからだ。ピアノの下はとっても居心地がいいのだから……。

ルトカは弟にただ音楽を教えたのではなかった。ピアノの弾き方の他に、ポーランド語やフランス語の読み書きも教えた。この頃、父*の命名日に6歳のフリツェックが贈った自筆のカードが残されている。そしてこれがなんと美しく書かれていることか！ 美しく正確で、見事な筆跡。そのうえ、正書法的にも正しく綴られている。それは現在のものとは違う正書法であったにもかかわらず、充分通用するものなのである。

たぶん、自分ひとりで考えたのではなくルトカが口述してそれを書き取ったのだろう。先生というのはいつも書き取りをさせるものである。そして音楽では大きな進歩をとげ、すぐに先生のルトカを追い越してしまうほどであった。その後のフレデリックの教育に携わったのは、ヴォイチェフ・ジヴニであった。

＊ポーランド他カトリックの国ではしばしば、聖人の名にちなんだ名前がつけられる。命名日にはお祝いして、花やプレゼントが贈られる。

ヴォイチェフ・ジヴニ

肖像画から彼が私を見つめている。細面《おもて》で、髪の毛は短く刈りこまれている。薄い唇は皮肉っぽく、ちょっと見くだしているような視線……私は横からも、正面からも、フロックコートの襟元まで覗きこむ。白いチョッキ、そして清潔な高い襟で覆われているきれいに剃りあげられた顎髭。

しかし彼はなにを言っているのでもない、ただ黒目がかった目でまるでこう言いたいかのように私の目を追っている。

——ワシのことをなにもわかっちゃおらんようだね……。

——本当にあなたが、あのショパンの先生なのですか？　こんなにも洗練されて優雅なお方が？　多くの本に書かれているあなた様とはまるで別人のようですけれど？

笑っている。

——わかっとる、わかっとる……ワシもなんて書かれているかわかっちょるよ。『背が高く、でっかい鼻、頭にはみんなが面白がっている黄色いカツラをのせている。いつも着ているいろいろな種類の古めかしいビロードのチョッキをわれわれはいつもジロジロと眺めたものだ。なんでも彼の言うところによると*ポニアトフスキ王の遺品の半ズボンを競買で数着購入し、それをチョッキに仕立て直させたのだという』……ワシについて、こう書いちょるんだろ、そうじゃろう？

——はい、そうでございますが……。

——それでワシは彼らのことを小話にしてやったんじゃ。この肖像画でわしが、カツラも、王様のズボンを仕立て直したチョッキも着ていなかったら……

ジヴニが笑った。

——彼らはまだなにを書くと言うんだね？　あぁ、もうわかった。「それはよく、ジヴニは嗅ぎ煙草を嗅いでいた。だから、鼻といい、髭、白ネクタイ、チョッキ、フロックコートの襟もすべて煙草の粉で汚れていた。それは、ハンガリー製の靴、マエストロが冬だろうと夏だろうと、決して手離さなかったフロックコート、そしてピアノにまでふりかかっていた。（……）上蓋にハイドンかモーツァルトの肖像画がついた半ポンド入りの超特大嗅ぎ煙草ケースと、チェックの大判スカーフの他に、ジヴニはいつも大きな四角形の鉛筆を用意していて、音符の間違いを見つけるとすぐに訂正し、そして、呑みこみが悪くて不注意な生徒の指や頭を、その鉛筆で時には打ったりしていた」とね。

――鉛筆をあなたはポケットに入れていらしたのですか？

――いいや。その鉛筆はワシはもうずっと前に捨ててしまったよ。フリドリッフの授業の時には、まったく必要でなかったのでね。

ジヴニはショパンのことを「フリドリッフ君」と言っている。彼はいくつかの単語をそれは奇妙に発音している。

『このエンペツを僕はずっと前にふてたんだ』

私は彼の経歴を思い出していた。彼はチェコに生まれ、ドイツで音楽を学んだ。だからポーランド語よりドイツ語をよく話した。そこからくる訛りだった。すぐに私は嗅ぎ煙草入れのことを訊ねた。

――あなたは嗅ぎ煙草入れもやっぱり捨ててしまったのですか?

――シーッ。

ジヴニは声をひそめて話しだすと、あたりを見まわして誰も聞いていないか確かめた。

――嗅ぎ煙草入れはもう持っていない、しかしわしは絵描きの小話も作ったんだよ……もうその嗅ぎ煙草はほとんど残っちゃいないがね。

そして額縁の向こう側からモーツァルトの肖像画付きの嗅ぎ煙草入れをフロックコートのポケットから取り出し、茶色い嗅ぎ煙草の粉を手の甲にパラパラと撒いているジヴニを私は見ている。

――ベルナルディンカ……。

彼が言う。

――今こういう蝋燭はもう見つけられないだろうよ。一番よいたばこの葉を挽いて作った香り高いものなんだよ。鼻がヒンまがりそうに強い……。

そして鼻に手を近づけてその匂いをもう嗅いでいる。

＊ユゼフ・アントニ・ポニアトフスキ公爵
1763年5月7日ウィーンで生まれ1813年10月19日リプスキで死去。

カジミェシ宮

ショパンは6年にわたりジヴニのもとで音楽を学んだ。最初のレッスンはたぶん、サスキ宮殿でおこなわれたのだと思われる。その後、１８１７年からクラクフ郊外通りのカジミェシ宮殿でなされるようになった。なぜならここにワルシャワ中等学校が移転し、ショパン一家も移ってきたからだ。

現在この宮殿はワルシャワ大学に所属している。クラクフ郊外通り26／28番地である。正門は遠くからでも見える。大きな装飾のほどこされた門は、鉄で鋳造されたものだ。花環で飾られた金の冠をいただく鷲と、『大学』という銘が大文字で刻まれている。

校庭の奥まった中にある昔宮殿だった建物に、真っすぐに私は入って行く。この中にまさに中等学校があったのだ。教師たちの住居は右側の別館にあった。２階建ての漆喰の白い建物が、宮殿の脇に建っている。

ショパンが住んでいたことを伝える記念のプレートを私は探す。それが入口の際にブロンズのレリーフにして壁にはめこまれているということを私はガイドブックで読んでいた。

しかし探しても探しても見つけだすことができない。ガイドブックは間違っているのではないだろうか？　建物のまわりをぐるっと歩いてみた。そしてやっと、見つかった！

正面脇の壁の、ちょうど2階の位置。白い楕円形のメダル（ブロンズではなかった！）の下の、御影石でできたプレートに、次のような文字が刻まれている。

「この建物に1817年から1827年までフレデリック・ショパンが住んでいた」

住まいは3階にあった。入口は今のようなものだったのだろうか？　狭い玄関、木の階段、それは今と同じようにミシミシと軋んだのに違いない。2階は高く、3階は少し低く階段の扉は開かれていて、玄関の間は廊下のように長く、両側の部屋の窓から庭が見える。今ここは東洋研究所の事務所と教室があり、学生たちが外国語を学んでいる。

そして当時は？　ショパンのピアノはどの部屋に置かれていたのか？　どこが両親の寝室だったのか？　姉妹たちの部屋は？　中学の生徒たちは、どこに住んでいたのか？　というのもこの建物の中にやはり当時『ペンスィヤ』と呼ばれていた寄宿舎もあったのだ。寄宿舎に住む少年たちの実家はワルシャワから遠く離れた地方にあった。

「ショパン夫妻は男子のために学生寮を経営していて、ポーランドの中でも最高の家柄の子弟を集めていた」

回想録の作家はそう書き、そしてすぐに次のように説明している。

「この寄宿舎の人気の理由は非常によく行きとどいた少年たちへのお世話と健康に対する配慮によっていた。栄養、清潔、道徳、そしてよい指向《モチヴェーション》とアカデミックな指導力が挙げられている」

こういった少年たちにユスティナ夫人がピアノを教え、ミコワイ氏は勉強の監督とフランス語会話を担当した。ショパン夫妻が寄宿舎を開くことにしたのは、教師のつましい給料では6人家族の生活を維持するのが容易ではなかったからに違いない。

当時、食費はそんなに高くはつかなかったが、子どもたちは日に日に成長する。それにともなって、被服費と教育費がかさんでいったのに違いない。その頃の領収書が残されていないのが残念でならない。なぜならミコワイ氏は節約家で几帳面な人だったので、ノートに記録をしていただろう。それぞれの支出をメモし、金額を比較して溜め息をついたのに違いない。

――1日家族全員のために3ズウォティはかかる。しかし音楽のレッスン1回分もやはり3ズウォティかかる……。

そう、まさに音楽のレッスン料と同じ額だったのだ。

ジヴニはよい教師だったのか？　何人かの回想録作家はたぶん彼の外観から彼を評価しただろう。――あの奇抜なカツラ、煙草のしみのついた洋服！　そして彼についてこうも書いた『中庸をえた感性の持ち主』と。そしてこれこそがまさにジヴニが真に価値のあるものとしてショパンに伝えたことであった。バッハやモーツァルトの作品を知り、そして偉大な音楽を愛することを教えた。彼こそが最初にフレデリック・ショパンに創造の才能があることに気づいた人物であった。

ジヴニは生涯ポーランド語をきちんと習得することができなかった。自分の生徒にドイツ語訛りのポーランド語で話した。たとえば「フ、リ、ド、リ、ッ、フさん」というように。尊敬をもって、成人した人に対するように、または才能ある人物として扱った。

「フリドリッフ氏」が最初に出版した作品はポロネーズト短調だった。新聞はこの事実を読者に伝えながら次のように記した。

「このポーランド舞曲の作曲家は、まもなく8歳になろうという、実に7歳と9ヵ月のまだ本当に若い少年で、ワルシャワ中学のフランス語、フランス文学の教師ミコワイ・ショパン氏のご子息。真の音楽的天才で、ピアノの難曲をいともたやすく、抜群の感性をもって弾きこなすのみならず、すばらしい舞曲や変奏曲をいくつか作曲している。それに対して音楽の専門家たちは賛嘆を惜しまず、その作者がまだ幼少であることに驚きを禁じ得ないでいる。」

この小さな記事は、非常に発行部数の多い定期刊行物に掲載され、大きな世界への扉がこの年少の芸術家の前に開かれることになった。サロンの常連客たちは慈しみをこめて「小さなショパンちゃん」と呼び、「神童」、「第二のモーツァルト」とほめそやし、宮殿に招待したのだった。

当時のワルシャワの社交界というのはいうまでもなく領主とか貴族たちの集う大きな出会いの場であった。彼らが、ショパンの演奏する宮殿やサロンの所有者であった。ショパンは父親につきそわれてそこに足を運んだ。そういったコンサートのひとつの後で、「小さなショパンちゃん」は母親の質問に答えて言った。

――お客様たちはなにが一番気に入ったのかしら？

――ぼくの新しいヒラヒラの飾り襟だよ。みんなぼくの襟飾りをじっと見ていたんだ！

襟飾り

ママはお家でお留守番

この襟飾りはお母さんの手作りのもの

お姉ちゃんも妹も言った
――気をつけるのよ。シミをつけたり、
シワにしてはだめ

ハンカチを忘れないように
櫛は必ず持っていくのよ
冷たいものを飲んではだめ
自分によく気をつけて！

さあ！　もうお行き、
箱馬車が着いたわ
帰ったら、コンサートがどんなだったか
全部話すのよ……

そう、ここ宮殿の中は
まるでおとぎの国でのことか

または夢のなかでのことのよう

だれかがぼくの襟飾りを撫でた
――トレ・ビヤン（とっても素敵）
私の小さなショパンちゃん！
どこもかしこも着飾った貴婦人たちでいっぱい
金色に輝く小さな蝋燭たち
コートの下でこの襟飾りが
くしゃくしゃにならなくて
よかった！

貴婦人たちがぼくをみつめ
額縁の鏡もぼくをみている
みんながブラボーと叫び
そして言っている
――セ・シャルマン（なんて魅力的《チャーミング》）

すべてをママに
話したって信じてはくれないでしょう
一番人気があったのが
ぼくの襟飾りだったなんて……

第3章　宮殿

ラジヴィウ宮殿

まだ幼かったショパンがはじめてコンサートをおこなったのは、ラジヴィウ宮殿であった。ここは現在閣僚幹事会のおこなわれる場所である。クラクフ郊外通り46／48番地。本館はぐっと奥に引っこんでいるため、建物に囲まれた中庭と4頭の石の獅子の彫像は通りから遠くへだてられている。今日、この獅子の他に馬の像があり、その上にユゼフ・ポニアトフスキ侯爵が座っている。しかしショパンの時代にはユゼフ侯爵の銅像*(1)はまだなかった。

このコンサートはワルシャワ慈善協会により組織されたもので、その収入はもっとも困窮している人びとの援助にあてられた。ショパンはこの運動に参加している芸術家のひとりで、もちろん最年少であった。コンサートの後、この小さなピアニストに対し、ユリアン・ウルスィン・ニェムツェヴィチ*(2)自身が感謝の言葉を述べた。8歳の少年に対しおざなりではない敬意を表さなくてはならなかったのだ。

『ポーランド史歌集』は昔の英雄や王侯のことが物語られていて、当時のポーランドのあらゆる家庭で歌われていたものだ。そんな『ポーランド史歌集』の作者本人が、ショパンに対して感謝の言葉を述べたのであった！

そしてニェムツェヴィチがワルシャワ郊外の彼の所有地に招待しなかったとだれが言えるだろうか。彼は才能ある若者を支援していたので、まわりには多くの若者がいた。その中にはユリウス・スオヴァツキ*(3)もいたのだから、ショパンがいたっておかしくないのでは？


*(1)（1763～1813）S・A・ポニアトフスキの甥にあたり、ワルシャワ公国の戦争の最高指揮者でありナポレオン戦役にも参加しライプツィヒで溺死。

*(2)（1758～1841）作家、評論家、愛国主義的活動家、編集者、回想録「ポーランド時代」の著者。

*(3)（1809～49年）ミッキェヴィッチに次ぐロマン主義の詩人。

ウルシヌフ

このニェムツェヴィチの所有地は現在ウルシヌフと言われているところである。邸は現在農業アカデミーになっている。新ウルシノフスカ通りである。客人たちは昼前に到着し、1時に食堂でカッコウ時計が鳴くと、お昼がふるまわれ、昼食後、頭に麦わら帽子をかぶった主人が館の前でお客と話に興じつつ、鶏や鳩に穀類やえんどう豆の餌を与えていた。

ショパンのコンサートに話を戻そう。彼の最初のコンサートは、クラクフ郊外通りのラジヴィウ宮殿で開催された。その後、次々と他の宮殿でもおこなわれるようになった。彼がセナトルスキ通り35／37番地のザモイスキ宮殿にしばしば招待されているのは知られている。ゾフィア＊・ザモイスカ伯爵夫人は、才能ある若者を支援することで知られ、ショパンはその中でもお気に入りだったのである。

＊　ウワジスワフ・ザモイスキー伯爵（１８０３—６８）１８３０から３１年の蜂起に参加した将軍でもある。

青の宮殿

この美しい名前を持った宮殿がザモイスキの青の宮殿である。当時は本当に空の色をしていた。ロイヤル・ブルーである。壁がその色に塗られ、サス・オウグストⅡ世の統治下に建立された。この宮殿について、「地下にサスキ宮に通じる通路がある」という伝説がワルシャワで流布した。本当にそうだったのかどうか、たれぞ知る？

このふたつの宮殿はサスキ庭園を隔てて、本当に隣接していたのは間違いない。

そしてショパンの時代にはもう言い伝えではなく、この青の宮殿では、全ヨーロッパから著名な客人が集まり、大舞踏会が開催され、彼らは絵画やすばらしい芸術作品のコレクション、膨大な図書館の書物に賛嘆の声を惜しまなかった。

このかつてのすばらしさは現在何ひとつ残されてはいない。宮殿は1944年のワルシャワ蜂起の際に壊滅し、戦後再建され、市営交通事務所として使われることとなったのだ。ショパンの演奏したサロンは事務所として改装されてしまった。なんとかこのうら寂しいたたずまいの事務所が、どこか他の場所に移ってくれないものかと切望している！

ベルヴェデル

さぁ、いよいよベルヴェデルスカ宮殿のことを話す時がきた。この宮殿はまさにウヤズドフスキ大通りとベルヴェデルスカ通りの交差する地点にあり、ここに幼いショパンは何度もお客として招かれている。

回想作家のひとりはこのことに言及している――

「毎週日曜日……コンスタンティ侯爵の大型馬車がここに乗りいれてきて、幼いショパンは1日中小さいパヴェウヴェックと遊んだものであった」

パヴェウヴェックというのは侯爵の息子である。そしてロシア皇帝の弟であるコンスタンティ侯爵は、当時のポーランド王国におけるロシアの地方総督であった。ポーランドは公式的にはポーランド王国とよばれてはいたが、当時ロシアの分割下にあった。

侯爵はポーランド女性と結婚していた。しかし宮殿の中ではもちろんフランス語が話されていた。当時それが上流社会の公用語であった。そしてワルシャワに「小さいショパンちゃん」についての噂が広まったときには、単に彼が見事にピアノを弾き作曲をすることのみならず、流暢にフランス語を話すこと、さらに、その上品な立ち居振る舞いが評判となった。そしてパヴェウヴェックと同年齢であることからベルヴェデルに招かれることとなった。それでそこを訪れ、ピアノを弾き、パヴェウヴェックとも遊び、一緒に箱馬車で遠出もした。彼はこの箱馬車でのピクニックが一番気に入ったのではないかと思われる。

そしてたぶんひとりでベルヴェデルを訪れたりもしたのではないか――その美しい外観、高い壁斜面、ワジェンキ公園を一望できる美しい眺望を見晴らす庭園。このベルヴェデルはその美しい外観という意味の belveder というイタリア語、「美しき眺望」からきているのである。

そうだ！　その頃、イタリアからポーランドへ有名なイタリアの歌手、アンジェリカ・カタラーニ*がやってきたのを、今私は思い出している。彼女のコンサートはチケットの値段が非常に高かったので、ワルシャワではこんな小唄が唄われたものだ。

「カタラーニさまよ
もっとお安く歌ってはいただけますまいか
このあなたさまのイタリア語のトララララを
タララにするだけでよろしいですから」

カタラーニは本当にきれいに歌った。専門家は、彼女の声は千金に値すると言った。ショパンはそんな彼女のコンサートのひとつを聴きに行っている。そしてその後、カタラーニはワルシャワのとあるサロンで彼の演奏を聞いた。そしてその演奏に心から魅了され、金時計を贈呈した。ショパンは生涯、その時計を手離さなかった。

この時計は、ショパンの数少ない遺品の中、散逸を免れたもののひとつである。そしてあらゆる他の彼の遺品同様に、オストログフスキ宮殿のフレデリック・ショパン記念協会で細心の注意をもって保管されている。

＊ イタリアのコロラトゥーラ・ソプラノ歌手。（1780―1849年）多くのヨーロッパのオペラ劇場に出演。ワルシャワでは（1819～1820年）に出演。

オストログフスキ宮殿

この宮殿の住所はオクルニク1番地である。しかしこの建物の内部に入って行くには、オクルニクの下の階段からタムカ通りに出なければならない。なぜなら宮殿の入口は急斜面に面していて、オクルニクよりタムカのほうがより近いのである。

伝説によると、宮殿の下はかつて湖で、そこには黄金の家鴨《あひる》が泳いでいたということである。いろいろな宝物は厳重な監視下にある。私はくだんの金時計を見に行こうと思った。それは、伝説の宝物ではなく、実際にショパンに贈られた、実物なのだから。ショパンの遺品はわれわれにとってすべて宝物である。われわれにとっての共通の財産だと言ってよい。そしてショパン協会は大変によくこの遺品を管理している。すべて保管庫に納め、厳重に保管している。

私にこの時計を見せてくれるのだろうか？　たとえ、一瞬でもよいからと、隣人としてお願いしたら？　隣人として――なぜって私の住まいは目と鼻の先にあるのだから。厳密に言うと、42歩と29段である。私は正確に数えあげた。そこまで歩いて行くあいだ、ずっと考え続けている。

見せてくれるだろうか、それとも見せてくれないだろうか？　見せてくれるだろうか、見せてくれないだろうか？　保管庫から取りだすのだろうか、それとも取りださないだろうか？

取りだしてくれた。今、カタラーニ夫人からの時計は私の目の前に置かれている。それは丸くて大きくてピカピカに輝いている。決して、子どもの玩具なんぞではなく、ご婦人方の装飾用のものといった代物でもなく、男物の本物の時計なのである。こういう時計はかつて、殿方が、チョッキのポケットにつけていたものだ。失くさないように鎖につけて。

時計の蓋――「封筒」と専門家は呼んでいるけど――を開けることができる。ガラスに覆われた文字盤は、白いエナメルの台の上に、時を示す黒の数字、薄く、細い金の針。そしてそしてケースの下にもう1枚の内蓋、フランス語の献辞が美しく彫りこまれている。

“Mme Catalani a Frederic Chopin age 10 Ans a Varsovie le 3 Janvier 1820”

「カタラーニ夫人から10歳のフレデリック・ショパンに、1820年1月3日、ワルシャワにて」という意味である。

時計

ワルシャワの家々の窓辺に雪が
雪は白一色に通りを埋めつくす
こんなに遅くになっても、
フリツェクはまだコンサートから帰ってこない

こちらのサロンから、あちらのサロンへと
社交界の寵児
人びとがモーツァルトの再来と褒め讃える
でもコンサートから遅く帰るのには
まだ小さすぎる
もう11時なのにまだ帰っていない
突風と雪の荒れ狂う……
帰り道、なんとか凍えないように

どうか風邪だけはひかないように！

ああ、やっと帰ってきた！　……箱馬車から飛び降り
もう門をくぐり抜け、階段を走ってくる
――見て、お母さん、ぼく時計をもらったんだ！
気に入ったかどうか早く言っておくれ！

どんなにきれいか見てごらんよ、
なんて大きくてピカピカ輝いていることか……
まるでお髭を生やした
お日様みたいだ
だって時計の針は
お髭みたいなんだから！

見て、見て、お髭が動く！
今何時か針が示している

真ん中に献辞が書かれている
これはぼくのため、あなたの息子の

時計が幸せを運んでくる
幸せな日と、よい夕べを……
すべてはうまくゆくよ、絶対に
見てごらんよ、お母さん！

学校

幼年時代のショパンにとって、一番よかった時間はなんといってもピアノを弾いて過ごしていたときだった。しかしピアノの他に学校での勉強があった。ワルシャワ高等中学校。中学の勉強をショパンは１８２３年に始めた。13歳の時であった。それ以前は家で父親から学んでいた。よく勉強していたのだと思う。なぜなら入学試験はいかなる困難もなく突破したのだから。すぐに４年生に飛び級となった。

今、私は試験問題集を読んでいる。

「4年級の試験をパスしたい生徒は（……）必須条件は書きとり試験で、ポーランド語を間違いなく書けること、手紙の書き方、ラテン語の語尾変化とフランス語とドイツ語の語尾変化、地理と世界史、算数、代数、幾何」

フウーム！　たった1度の試験にこんなに多くのことをやらなくてはならないとは。この答案が今、残されていないのはなんとも残念なこと。特にポーランド語の試験の結果には興味をそそられる。書きとりと手紙の書き方。ショパンはいつだってすばらしい手紙を書いているのだから。生き生きとした自然体で、変に構えてはいない、ユーモアと機知に富んでいて理路整然。話すように書いている。そしてこれらの手紙は読みやすく、しかもなんと美しく書かれていることか！

ジェラゾヴァ・ヴォラに遠足に行ったとき、子どもたちはショパンが父親の名の日の祝に贈ったグリーティング・カードがあまりに見事な筆跡で書かれていたのでその驚きから長いこと抜けだせないでいたのが思いだされる。私の娘は、自分のノートのなぐり書きと比較して溜め息をついたものだ。

――私は一生、こんなふうには書けはしないわ……。

そう、その頃はこんなふうにきれいに書くため――すなわち書き方というものが教えこまれたのだ。ショパンもやっぱり習っていた。彼の書き方の練習ノートの数ページが残されている。誰が彼に教えたのだろうか？　ミコワイ氏だったのか、ルトカだったのか、興味深い。しかし、それはまだショパンが高等中学校に通う前のことである。

高等中学校のレベルは当時非常に高かった。高等中学校の校長はポーランド語のすぐれた辞書の著者でもある、有名なサムエル・ボグミエル・リンデで、教授陣や生徒に対しても等しく一定の水準を守るべく厳しい要求を出していた。しかし生徒たちに非常に人気があった。彼は自分の生徒たちのことを常に「私の子どもたち」と呼び、決してそれ以外の言い方はしなかった。そして自分については、トルニの出身で「コペルニクとピエルニクとリンデは同じひとつの祖国を持っている！」と言っていた。ユーモアのセンスと言うのは非常に重要なことだ。特に教師にとっては。

高等中学校は非常に大きかった。６００人もの生徒！　お昼休み、カジミェシ宮の校庭はどんな騒ぎになっただろうかと想像してみる。そしてリンデ教授は「片眼鏡」——彼を回想するすべての人が「眼鏡」と書いているが、たぶん片眼鏡を使っていたと思うのだが——を通して彼らの悪戯を眺め、言った。

「子どもたちはなんてはしゃいでいるんだろう！　でも彼らが僕に気がつかないよう、だって子どもたちの遊びの邪魔になってしまうものね」

リンデ校長の「片眼鏡」を借りることができなかったのは残念だ。この少年たちの気ちがいじみた喧騒の中にショパンとその親友たちの姿を見ることができたのではないか？ドミニク・ジェヴァノフスキ、ヤシ・ビャウオブウォツキ、テトウス・ヴォィチェホフスキ、ウイルス・コルベルク、コステック・プルシを。彼らがどんな遊びをしていたか見られたのではないか……。

そうだ、どんな遊びをしていたのだろうか？　たぶん、『にらめっこ』ではなかったか。これは学生たちの遊びで、ひとりが一生懸命笑わせようとし、そして他のものたちは陰うつな顔を作って次のようにはやしたてる。

「にらめっこしよう
笑っちゃダメよ
ちょっとでも顔動かすものは
もうアウト」

または、ひとりがウサギになって、そして残りは狩人になる『狩人ごっこ』？　あるいは『パランタ』、ボールをキューでトスするホッケーなんかも？　こうした子どもっぽい遊びの中には、『鼻相撲』『ノックアウト』『拳骨遊び』が絶対に入っていたに違いない。

なぜなら、ショパンがひとりの友人への手紙に、親友たちと、「よもやま話をしたり、冗談を言いあったり、歌ったり、泣きべそかいたり、笑い転げたり、殴り合ったりするのは、なんてよいことか（……）」と書き送っているのだから。

ショパンは高等中学校に3年間通った。そしてバカンスは田舎の友達の所で過ごした。こういった学校の友達のところで。

第4章　シャファルニア

シャファルニア

シャファルニアでバカンスを過ごすようショパンを招待したのは、ドミニク・ジェヴァノフスキの父親であった。「ドムシ」と呼ばれていた息子は、ショパン夫妻の運営していた寄宿舎に住んでいて、フレデリックと同じクラスに通っていた。おそらく席が並んでいたのではないか？

ユスティナ夫人は、このことにすぐには同意しなかったのではないだろうかと思う。なぜなら、そこはトルニよりもっと遠くでワルシャワからかなり離れていたからだ。フリツェックは今まで決してそんな遠方まで出かけたことはなかった。それにそんなところでちゃんとお世話してもらえるのだろうか？　彼は体が弱いのだから、お薬を飲まなくてはならなかったし、医者のゲラルドット先生は田舎パンを食べることを許さなかった。ただロールパンだけ……と言われていた。ジェヴァノフスキ氏は男性なのだからそんなことに気をくばったりはしない……しかしシャファルニアの屋敷には彼の姉妹であるドムシのおばさまたちがいるのだから、彼女たちがお世話してくれるかもしれない。フリツェックのお世話を、おばさまたちに見てもらうようお願いしよう。

だから、きっとフリツェックが出かける前に、ジェヴァノフスキのおばさまたちに宛てた手紙が前もって送られていたのに違いない。そして旅行用のトランクに何を詰め、何を置いていくかあれこれ自分でやったことだろう。

――フリツェック、いいわね、ここに厚手の下着がありますよ。夕方は寒くなるからね。そしてどんなことがあろうと足を濡らしてしまっては駄目ですよ！　冷たい水も、熟してない果物も口にしては駄目。そして手紙を書くのよ。絶対に書くのよ、待っていますからね……。

それでフリツェックは手紙をあれだけ書いたのだ。きっと夕刻、シャファルニアの屋敷で蝋燭の光で机に向かったのに違いない。昼間は時間がなかっただろう。そして当時は石油ランプも、電気だってまだ存在してはいなかった。幸いなことに、シャファルニアには、鵞鳥《がちょう》がたくさんいたから、書くためのペンにこと欠くことはなかった。鵞鳥のペンを握って、ペンをインクにひたし、手紙を書いた。

「最愛なる御両親様！
おかげさまで僕は健康を取り戻し、楽しくすばらしい時を過ごしています。読むことも、書くこともせず新鮮な空気の中で、遊んだり、絵を描いたり、走ったりしています（……）」

この手紙の日付けは、１８２４年８月10日である。かなり長い手紙で、多くの文章はフランス語で書かれている。だから、私には全文を読むことはできない。ここでは、その要約を紹介しよう。省略部分は、（……）で示そうと思う。

「物凄い食欲で食べています。ぺちゃんこのお腹でいなくてはならない必要はまったくないので、もうだんだん出っぱってきてしまいました。ただ田舎パンを食べる自由が必要なのです。ゲラルドットは絶対にライ麦パンを食べることを許してくれません。ワルシャワ風のロールパンしか食べられないのです。なぜなら田舎パンは酸っぱいからです。シャファルニアのパンはとても酸っぱい。こっちのは黒く、あっちのは白いんです。あっちのは粗い粉ですが、こっちのはきめの細かいものです。ゲラルドットにだって、こっちのほうが美味しいと思うに違いありません。それにあっちのほうが高くつくと思うし、医者というものは患者が好むものを許すのが普通のことだと思います。

しかしワルシャワが都市で、シャファルニアは田舎ということだけでは事足りません。そちらでは一般の人のためのロールパンから手にすることができるけれど、こちらではただ僕のためにだけ特別に作らなくてはならないのです。ですからお母様、お許しいただけないでしょうか？　つまりもう少しはっきり言うと、田舎パンを食べてもよいでしょうか？　ゲラルドットがワルシャワにいるなら、すぐにもジェヴァノフスカ夫人にお願いして、パン一斤を小包にして送ります。そうすれば最初のひと口で、ゲラルドットは許可を下すこと請けあいです。（……）規則正しく丸薬を飲み、毎日チザンニを水差しに半分ずつ忘れずに飲んでいます。食事の時には、何も飲みませんが、ただ少し甘いワイン、ルドヴィカさんの許可のあった時だけ、よく熟したフルクタをいただいています」

チザンニというのはフランス語でテイサナ、つまり薬草のこと。フルクタはフルーツのこと。そしてこの「ルドヴィカさん」というのが、シャファルニアでフリツェックのお世話をしたおばさん達のひとりである。とても気配りの行き届いた人びとだったからショパンはきっと一度ならず溜め息をそっとついたのに違いない。

――僕はもう子どもじゃないのにな。だってもう14歳なんだよ……！

しかし声に出して言ったわけではない。なぜならとてもよく躾けられていたからだ。この手紙がやはり、そのことを証明している。手紙の終わりには必ずママとパパの健康をたずねているし、「姉妹や使用人を抱きしめます」と書くことを忘れず、知人によろしくと、そして尊敬するジヴニ先生に心からの挨拶を送っている。

手紙の最後はこのように結ばれている。

「最愛なるお父様、お母様、あなたたちのもっとも愛《いと》しい息子より、お御足と御手にキスを送ります　F・F・ショパン」

シャファルニアには郵便局がなかった。だから郵便物はゴルブまで持っていかれ、そこから郵便馬車が運んでいったのだ。郵便馬車の御者台に4頭の馬をつけて。郵便配達夫はもちろんラッパを吹いていた。遠くからもそれは聞こえた。到着も出発も高らかにそのラッパが鳴らされた。

――タンタラタン！

今もやっぱり郵便局にはラッパが残っている。郵便ポストと郵便配達夫の帽子に記念として残されているのだ。あの時代のように今、鳴らしてもらえないのは、残念なことだ。

郵便

郵便配達夫が御者台にのぼり
ラッパを高くかざし
さあ出発
ハイ　ドードー
ねえ、郵便配達のおじさん

ワルシャワまでお手紙1通　お願いします
道中、気をつけてね
大事な手紙なんだから！

郵便配達夫は高らかにトランペットを吹き鳴らす
トランペットとともにニュースが飛んでゆく
――くれぐれも気をつけて
　息子からママへの大事な手紙なんだから！

4頭の馬が
拍子をとって
でこぼこ道をひた走る
いざ　ワルシャワへ

――おやまあ郵便配達さん
　手紙がおそろしさにふるえている

だって郵便馬車があっというまに
お屋根の上に乗りあげてしまったので

おやおや今度は宙返り

――これは一体だれの手紙？
文字はゆがんでいるし
こっちは下、あっちは上にと
まるで鶏の爪で引っ掻いたみたいな
殴り書き

郵便配達夫はトランペットを吹き鳴らす
力の限り　頬ふくらませて
トランペットは高らかに鳴り響く
――発車　オーライ　ハイ　ドードー

郵便馬車はちょっぴりガタついてるけど
手紙はちゃんと届けます
さあ、鷲鳥ペンを用意して
次の手紙の準備をおし！

シャファルニア通信

フリツェックの手で住所が書かれている封筒の中身が手紙ではなく新聞――『シャファルニア通信』になっているのを見て、ユスティナ夫人がどんなに驚いたことか、それからこの『通信』を姉娘の手から取りあげ、読んでどんなに喜んだことか！

ルトカとイザベラはこう言ったのに違いない。

――フリツェックはなんてアイデアマンなんでしょう！　なんて才気煥発なの！　なんてすばらしく書いているのかしら！　そしてこのブロック体の字はまるでお父様が予約講読している『ワルシャワ通信』そっくりだわ……。

そして一番若く、一番お茶目で、一番ユーモアセンスがあり、詩の才能もあるエミルカはきっと父ミコワイをチラッと見ては次のように言ったことだろう。

『ワルシャワ通信』を
お父さんは気に入っている
でも私は兄さんの『通信』のほうが
もっと好き！

14歳の編集者が自分のこの小さな新聞を編集するに際し、『ワルシャワ通信』を参考にしたことは想像に難くない。そしてお父さんがふたつの新聞を見くらべてどんな顔をするかを思い浮かべ、喜びを抑えることができなかったのに違いない。
ショパンはタイトルをブロック体で書くこと、検閲官として。そしてニュースと国内ニュースにわけることを忘れなかった。なぜなら当時ロシアの検閲なしにはいかなる新聞も発行することができなかったのだから――ルドヴィカ・ジェヴァノフスカさんを任命したのだった。

「どうか検閲官さま
ぼくの舌をがんじがらめにしないでください」

『シャファルニア通信』が何号まで発行されたのか、私は知らない。今のところ4号まで保存されている。そしてその4号のすべてが実にすばらしく、いきいきとしていてユーモアに満ちている。しかし、たとえ今日までそのすべてが「幸運」にも存在していたとしても、全部を引用する余裕はない。いやいや、皆さん、検閲を免れることができなかったからだろうとはと考えないでください。その理由は、本のページ数は出版社と前もって、決めてしまったからにすぎません。だから『通信』からは、次のフラグメントのみを抜粋した。

「1824年8月16日　国内通信

本年8月、フレデリック・ショパン殿は、暴れ馬に跨がりギャロップでゴールまで走った。徒歩のジェヴァノフスカ嬢を何度も追い抜こうとするが叶わなかった（これは彼のせいではまったくなく、馬が悪いのである）。ゴール直前でようやく徒歩でやってきたルドヴィカ嬢を追い抜くことができたのである」

自分の乗馬の能力をショパンはただ、『シャファルニア通信』に冗談めかして書いているだけではない。友人への手紙にも書いていて、ヴィルス・コルベルグに次のように書き送っている。

「僕もやっぱりここでの生活を存分に楽しんでいるよ。それに君だけが乗馬を楽しんでいるのではなく、僕だって馬に座っていることくらいはできるのさ。上手に座れるかって？ それを聞くんじゃない。馬はゆっくりと好きなところに行く。ところが僕ときた日にゃ、まるで猿が熊の上にちょこんと乗っているみたいなんだ。彼奴《きやつ》のうえに恐れおののいて跨がっているというもの。今のところ乗馬に関する推薦状はいただいてはいない。馬は僕を振り捨てたりはしない。しかし（……）彼が気に入ってくれたら、きっとお任せすることにするよ。

『シャファルニア通信』に戻ることにしよう。

「今月15日、重大ニュース、納屋の裏の庭の隅っこで、七面鳥の雛っ子の卵がかえった。この出来事が重大な要素を持っているのは単に七面鳥がその家族を増やしたということのみならず、財産収入を増大させ、幸運をも保証することになったからである」「昨夜、泥棒猫が戸棚の果実酒の瓶を割った。ある面では絞首刑ものだが、他方、最小限にとどめておいたということは、賞賛に値する」「今月14日、雌鶏の片脚が不自由になり、雄の家鴨《あひる》が雌の鶩鳥との決闘騒ぎで片脚を失った。雌牛は重病にかかり庭でくたばってしまった」「同じく14日、死刑宣告がくだり、いかなる子豚も庭に侵入することは相ならぬということになった」

『通信』では、ひとりの発行人が多くの「国内」通信を書いているが、「シャファルニア」から、「外国」でのニュースも発行している。この「外国」*とは畦《あぜ》の向こうという意味である。

では、「ドゥフニックで狼が夕食に羊を食べた」「ビアウコヴォでは犬と猫が一片の肉をめぐって一戦を交えた」「ゴルブの市では、外国産の豚がお目見えしていた」というニュースに目を通してみよう。

「いろんなパン生地をこね鉢でこね回していたが、あまりに手際がよすぎてすべて地面に叩きつけてしまった」――という料理女のニュースがある。

では音楽についての記事は？　このバカンスの間、音楽の特筆すべき催し物はなかったというのだろうか？　もちろん、あった。「国内通信」を読んでみることにしよう。

「シャファルニアで開催されたコンサートには十数人と他所者のひとりが参加し、ピション殿が駆けつけ演奏した」

この同じ欄には、ピション殿が『小さなユダヤ人』というタイトルのピアノ曲を弾き、もしピション氏がユダヤ人の婚礼で弾くなら10タラールは儲けられるという提案がなされた、ということも書かれている。

「ピション氏」というのはもちろんショパンのことである。このすばらしい筆名《ペンネーム》を自分で考え出したのである！　これはショパンの名前からとった、文字の組み替え《アナグラム》で、「ピション」と読む。フランス語の響きを持たせて。

そして『外国通信』には音楽に関連したオボリで「オクレンジネ」があった、という情報が載っている。そもそも「オクレンジネ」とは何を意味するのか私自身わからない。しかしすぐに辞書で引いてみる……もうわかった！　オクレンジネとは、収穫祭のことだ。畑を農民がみんなで練り歩く収穫の祝宴のことなのである。

『通信』にはこの祭りのときに歌われた歌詞が記されている。

「邸の前では　泥んこ家鴨
わしらの奥さん　キンキラキン
邸の前に　縄張られ
お旦那さんも　ずぶぬれで
邸の前にゃ　蛇ぶらさがり
わしらのマリアンナさま　お嫁入り
邸の前には　帽子がポツンと

わしらの小間使いほんとに間抜け」

そしてもう1件、こちらと対になる音楽情報が載っている。今度は全編ルポルタージュである。

「今月29日、ピションン殿がニエシャヴァを通ったとき、カタラーニが柵に腰掛け、顔中を口にして歌っているのを見かけた。とても興味をひかれたが、聴いているだけでは満足できずに、歌詞を知りたいと思った。2回ほど柵のそばを通ったが、無駄だった。意味がまったくわからないのだ。ついには好奇心に打ち勝てず、もう1度歌ってくれたら3グロッシだすと言った。歌い手は長いことぐるぐる回ったり、眉をひそめたり、言い逃れしたりしていたが、結局3グロッシで小さなマズルカを歌うことに同意したので、編集長は、以下に上司と検閲官の許可を得て、一節のみ見本として引用する。

『ご覧よ、山家《やまが》の向こうで、山家の向こうで狼が踊っている
でも嫁さんがいないよう、だってあんなにやつれているんだもの』」

民謡を書き留めながら、「ピションン編集長」は、作曲家ショパンとしてどんな金塊がそ

の中に潜んでいたかを、まだ気づいてはいなかった。それとも、もうそんな予感があったのだろうか？　なぜなら次の休暇をまたシャファルニアで過ごし、民謡を丹念に書き留めていたのだから。

そして時には鉛筆の手を休め、弓を掴んで農村の舞曲を戯れに弾いたりしていたのだ。

＊　ポーランド語で外国のことを「境の向こう」と表現する。

シャファルニアからの手紙

最愛なる御両親様

夕食の時間、最後のお菜《かず》を食べ終えたとき、遠くのほうから裏声で歌っているコーラスが聴こえてきて、農婦たちはもう鼻声で（……）がなっていました。若い女の子たちがそれより半音高い声で顔中口にして、三弦のヴァイオリン弾きの伴奏で聴くに耐えないほどのキイキイ声で、後ろから低音部のリフレインつきでイキイキと歌っていました。夕食の団欒の席をけって、ドムシと一緒にテーブルから立ちあがり、中庭へと走りました。そこでは群衆がゆっくりとした足どりで、だんだんと家に近づいてきていました。アグニェシカ・グゾフスカとアグニェシカ・トウロフスカ・ボンキェヴナ嬢は豪華な花冠を頭につけ、収穫に携わっている農婦たちを率いてきていました。（……）館の円柱の下に立ち、歌詞のすべての連を省略なしに歌ったのです。しかも僕のために次のような連でつなぎながら、歌ってくれたのです。

館の前の緑の茂みで
われらがワルシャワっ子　犬っころみたいにやせっぽち
納屋の前で陽炎《かげろう》もえ
われらがワルシャワ男　めっぽうすばしこい

後でヤシコヴァが歌を全部書き取ってくれました。最初、僕のこととわからなかったのですが、この2連目にくるとヤシコヴァは、「さあ、これはあんたさんのことよ」というのです。（……）そのカンタータを歌いながらさっきの花冠と花の蕾《つぼみ》をつけたふたりの女の人が館の殿方のほうに歩いて行き、一方で汚い水の入った桶を手にしたふたりの村の少年が玄関の扉のそばで待ち伏せし、ふたりのアグニェシカ嬢たちを迎え出たのです。それで玄関は水びたしになって、ちょっとした川のようになってしまいました。

フリッツさんがヴァイオリンを弾きはじめると、中庭のすべての人びとが踊りだしました。美しい夜でした。星が瞬いてはいましたが、2本の蝋燭を持ってこなくてはなりませんでした。執事がヴオトカをふるまうときとなりました。そのヴオトカは、こわれた三弦の楽器なのに、まるでちゃんとした四弦で弾いているように、滑らかにヴァイオリンを弾いているフリッツにもふるまわれたのでした。女たちがワルツ、オベレックと跳躍をはじめました。ただ黙って見ている見物人たちをのせるために、その場で村の男の子たちに誘いかけながら。それで僕は最初のいくつかのワルツを、テクラ嬢と、そして最後はジヴァノフスカ嬢と踊ったのでした。その後で皆陽気になり、ひとりが裸足で石に躓《つまず》くと次々と躓いてしまいました。もう11時になろうとしていました、フリッツの奥さんがバセテラという中世の楽器を持ってきたのですが、ヴァイオリンよりさらにひどく一弦しかない代物でした。ブリッツは埃だらけのバセテラを弾いていました。しかし、ルドヴィカ嬢が「さあ、もうみんなお帰り」と叫んだので、お休みなさいを言って眠るために戻らなければなりませんでした。

第5章　ヴォヤージュ

ヴォヤージュ

当時、旅行のことをフランス語で、ヴォヤージュといった。「旅」という題で私がこれから書く章に、この外国語は大変にふさわしいと思う。なぜなら『シャファルニア通信』では、シャファルニア以外で起こっていることは「外国通信」という欄に紹介されていて、これはつまり、シャファルニアの畦道から向こうへの旅行はとりもなおさず「外国旅行」ということになるからだ。

ショパンの手紙には、これらの旅行について多くの記述がある。どこを訪れたか手紙に書き、誰を訪問し、周辺の家々の持ち主、土地土地の名前があげられている。――ドブジン、ゴルブ、グルビニ、ウゴシチ……。

私は今地図を眺め、地名が変更されてないかどうかを確認する。そして土地自体の様子は？　絶対に前と同じではあるまい。しかしその中に何らかのショパンの足跡といったものが残されているのではないだろうか？

シャファルニア

まずシャファルニアから始めよう。ショパンの暮らした時代の何がここに残されているだろうか？　シャファルニアには彼の名前のついた学校があるのを知っている。だから子どもたちに手紙を書いてみようか？　今どんな風なのか尋ねてみよう。校庭には、当時枝を揺すられたあの梨*(1)の木があるだろうか？　そして、パン。何度も両親に書き送っているあのすばらしい田舎パンはまだ、やっぱり美味しいのだろうか？

私は手紙を書いた。そして返事をもらった。

敬愛するワンダ先生！

プオンネ１９８７年６月20日

お手紙、心からお礼申しあげます。少しでも（それが非常にささいなことであれ）お役にたてば大変に嬉しいと思います。美しいご本になること請けあいです。シャファルニアは、ドルヴェンツァ川のほとり、ゴルブードブジンにほど近い風光明媚な谷間の小さな村です。この村とその周辺は、1824年から1825年にかけてここに滞在していたフレデリック・ショパンについての記憶がいまだに鮮やかに息づいています。

当時とは多くのことが変わっています。ただ村落のいくらかの住民は農民の末裔で、彼らは若かった頃のフレデリックの習慣や歌のリフレインなどに非常な関心を示しました。残念なことに現在、村では民族衣装を身につけるものはなく、それがどんなものかさえ覚えているものも皆無と言えます。そしてやはり民俗音楽を歌うものもいないのです。

村の野良仕事も機械化され、古い風習も消え去ってしまいました。それでも何軒かの家には、まだ昔の巻上機、からざお*(2)、水を運ぶための木の天秤棒があります。しかし、日常的に使用するものはもう誰もいません。また家屋そのものも変わりました。数える程しか藁吹き屋根の農家は残っておらず、そのひとつだけがショパンの時代を覚えているとはいえ。昔の4世帯用共同住宅がまだ残っていて——その建物にはやはり今も4世帯の家族が住んでいます。

シャファルニアには今、旅籠屋《はたごや》（旅館）がありません。それらは道の分岐点に建っていました。道はまったく変わってしまい、今はアスファルトで舗装されています。

シャファルニアの近くには、自然の記念碑ともいうべき、美しいブナの並木道があります。ラドムからゴルブードブジンへの道のりに、としふりたブナの古木が植えられているのです。これらのブナの木は19世紀の初頭に植えられました。だからショパンの時代にはまだ小さな樹木にすぎませんでした。

ここには一ヶ所だって製パン屋というものはありませんでした。幼かったフレデリックがあんなに美味しくいただいたパンは、館の料理女が焼いたものです。現在でもいくつかの家でこんなパンを焼いています。多分、少し違ったものかも知れません。なぜなら昔のようにシャベルにのせて焼くやり方ではないし、わさびの葉っぱも入れませんから。でも、同じように白くて、ライ麦の入ったとても美味しいものです。

あの揺すられたという梨は、シャファルニアにありますが、80年前のものがもはや存在していないのは当然のことです。公園は同じ場所にあるとはいえ、非常に変わってしまいました。この公園はかつて美しい眺望をもち、豊かな植えこみと、運河のあるイギリス式のすばらしい公園でした。中にふたつの池がありましたが、ひとつはもうずっと前に水を抜かれてしまっています。このふさがれた池に石が1個あり、その下に館の入口の鍵が置かれていたのです。この石は多分、ショパンが好んで腰をおろしていたものではなかったでしょうか？　そして家に遅く帰ったときには、その鍵で開けたのだと思われます。

ショパンが招待されたジェヴァノフスキ家の館は19世紀初頭に建てられ、この世紀の半ばに壊されてしまいました。全部壊されたのではなく、一部の壁を生かし、その小さな館は折衷スタイルで建て直されたのです。第二次大戦後、館は再建され、1952年には再び、その場所はシャファルニアにおける、フレデリック・ショパン記念小学校となりました。この小学校の小さなホールにはショパンの記念品が集められています。

翌年から、このホールで年に一度、この世界的に著名な作曲家に敬意を表するためのコンサートが開かれています。このコンサートには世界中の多くの国の音楽家が参加しています。彼ら、そしてまた他の来訪者の名前が奉加帳に記されています。

1979年、小学校は大火に見舞われました。建物のかなりの部分が焼け落ちてしまいました。小学校はプオンネに移されました。長年、この館は昔の外観を取り戻すことができず、ますます老朽化が進んでしまいました。数年前にようやく再建の運びとなり、公園の手入れもするようになりました。館は往年の美しい外観をかなり取り戻しましたが、公園のほうは荒れ果てる一方でした。

最古の樹木はほとんど取り除かれました。おそらくショパンの時代を知っているのは一番立派な樫の木（円周約3メートル）と巨大な菩提樹の木ではないでしょうか？　ここにはまた、美しい楓、栗、菩提樹、とうひ、風変わりな形のとねりこが植えられています。しかし灌木の類はまったくなく、例外的に黒リラ、うわみずざくら、何本かの山査子《さんざし》がありました。池は目には美しいけれど、いやな匂いがしました。しかしもうきれいになってきています。毎日、パワーショベルがうなり声をたて、ショパンがその鳴き声を聞くのが好きだったという鳥たちを脅かしています。雀、からす、ナイチンゲール、ズアオアトリはまだ残っていますが、他の鳥たちも公園がまた美しくなったら戻ってきてくれるのを願っています。2年前までは、ここに本当の藪があって、いらくさが繁り、野性のホップとからみ合っていました。今のところ、公園は機械で整地され更地となっています。まったく荒れ果ててしまったとはいえ、ここには絶えず何か花が咲いています――スノードロップ、スミレ、ジアルノプワチという薬草などです。

ショパンはよくこのあたりを訪れて散歩し、乗馬や馬車で往き来していたといわれています。きっと昔のジェヴァノフスキの館からそう遠くないシャニエツまで足をのばしたのに違いありません。とても美しいところです。中世の初頭には要塞がありました。今は丘が残っているのみですが、そこからその周辺がすべて見晴らせます。言い伝えによると、シャニエツの麓には地下の抜け道があって、20世紀の初めには隣村まで通り抜けていくことができたということです。これが言い伝えのすべてです。

ショパンがたびたびプオンネの教会（美しいゴシック建設で、改造され、かつて要塞のあった丘の上に建っています）を訪れたのは想像に難くありません。毎週日曜日のミサの時、ショパンが教会のオルガンを弾いたこともよく知られています。若い作曲家はまた、ビアウェックやボヘニエッ（プオネン同様、シャファルニアにもっとも近い場所です）、そしてまたトムコヴァ、ラドム、レントヴィン、ソコウオフ、オブル、そしていくつかの他の村にも招待されたのです。この周辺の景色はかなり変わってしまい、ただ古いブナの樹が残っているのみですが、依然として美しく緑豊かな所です。

われわれはシャファルニアにこの偉大な作曲家にまつわる事実に基づいた博物館を建てたいと念願しています。今年公園の修理が完了しました。その上手には、１９８７年９月1日に開校祝賀会が予定されている学校が建てられました。下手はショパン・センターになる予定で、そのオープニングは、１９８７年10月17日におこなわれる予定です。どちらの祝賀会にもあなたをご招待いたします。

プオンネ小学校
生徒並びに教師一同

この手紙はとてもすばらしかったので全文引用した。この招待を受けたいと思っている。そしてこの本が出版された暁には献呈の辞をそえてイの一番に進呈したいと考えている。

※(1)『シャファルニア通信』1824年8月27日号に「(前略) 1824年8月26日、雌犬のスディナさまが麦畑でしゃこを捕った。コザチカ嬢はそれを見て哀れな死骸を取りあげると、梨の木にぶらさげた。賢い雌犬はなんとかそれを取りかえそうと、梨の木を揺すったり、跳びはねたり」とある。
※(2) 乾燥した麦を打って穀粒を離す道具、今は脱穀機を用いるので使用しない。

ゴルブードブジン

シャファルニアからは、ゴルブードブジンが一番近い。たった6キロの地点である。ショパンの時代にはドブジンはゴルブの郊外であったが、今はひとつの町となった。ドルヴェンツァ川の辺の高い丘の上にある城と、城壁の跡の美しい場所である。ゴルブはかつて要塞都市だったのだ。

城はドイツ騎士団によって建てられ、十字軍の時代からはただひとつ、ゴシックの塔が保存されている。17世紀にジグムント三世ヴァザが彼の円柱を――それはワルシャワにある――自分の愛する妹のアンナに譲渡した。彼女の統治下に城が改造され、現在の形になったのである。

現在、城は地域の博物館になっている。街は一見の価値があり、記念碑的教会、古い家と広場があり、そこには昔、市が立った。

この定期市はショパンの『シャファルニア通信』を思い出させる。この市を新聞記者として訪れたショパンは次のように書いている。

「お城を見学に行った時、観光客相手の手風琴まわしに、ルドヴィカ嬢がお金を恵んであげた」

ショパンはすぐさまドイツのシュタイエル舞曲の楽譜の上に4行詩を書きつけた。

ルドヴィカ嬢は50ズウォティで
プロシャのワルツをお弾きといった
ルドヴィカ嬢がいなかったら
プロシャの音楽も廃れる一方

コヴァレヴォ

このコヴァレヴォという場所を地図で探すのだが、探しても、探しても見つからない。しかしショパンはこのコヴァレヴォについて次のように書いている。

「（……）プウォツクへ行ったときは気違いじみていた。今日はプウォツク、明日はロシチシェヴォ、翌々日はキコロ、その後の数日はツジェニで、そのまた後の数日はコズウォヴォ、そうしてまたすぐグダニスクといった具合で（……）」

シャファルニアの周辺には沿岸地帯にコヴァレヴォという街がある。しかしこれは違う。1日でここからプウォツクへ行けはしない。目を皿のようにして探しに探して……やっと見つけ出した。ショパンは、ジェヴァノフスキ夫妻の親類で当時コヴァレヴォを統治していたユゼフ・ズボインスキ伯爵の客人であった。それで彼とともに旅行しなくてはならなかった。

コヴァレヴォからの手紙はとっても美しい。姉妹に宛てた部分は特にだ。

「お姉さんたちに私の小舞曲をお送りしたいのです、でも書く時間がないのです、なぜってもう朝の8時です（なぜなら僕たちは7時前に起きたことがありません）。さわやかな空気、太陽が美しく輝き、鳥は囀り、小川はないが、ビーバーがのどを鳴らし、池では蛙がケロケロ鳴いています！　そして一番おもしろいのがツグミ、窓ごとに騒々しく鳴きたてている。ツグミの次に面白いのは、2年間いなかったズボインスキの一番若いカミルカ嬢ですが、彼女は僕に惚れている、そして『カギーラがあんたにほれちょる』とばあさんたちがペチャクチャお喋りしていることです」

それで小さなカミルカがショパンに恋していたということがわかる。別れを告げるとき、彼に「パ！　パ！」*と言っている。ショパンが馬車に乗りこむとき、もう一度樹の上のツグミを見たいと思ったが、しかしズボビンスキさんにせきたてられ、そしてもう御者は手綱を振りおろし、「ハイド！」、馬の上でチュッと口を鳴らし――「ヘイ」と叫び、そして歌う。

ヘイ！　山から、山へと
マズルィをゆく
トントン窓を叩く
娘さん、窓を開けて、開けてよ、窓を
馬に水を飲ませてやっておくれ

当時ヴィスワ川の水は、馬にはそのまま飲むことができるほど澄んでいた。

*ポーランド語で「バイバイ」の意。

プウォック

プウォックはヴィスワ川のほとりにある。しかしヴィスワ川の水は今日では飲むことも、入浴に使うこともできない。

「プウォックは高台の楽しき場所」——16世紀の詩人は歌った。

ここの地はたしかに高い。一番高いのがトウムスカ山である。この山の名前にある「トウム」というのは、聖堂、寺院の意味を持つ。なぜなら山にはすばらしい寺院が建っていて、それはプウォックでもっとも価値のある遺跡だからだ。かつてここにはピアストの要塞があった。今日はもうない。それはショパンの時代にも、もうなかったのである。トウムスカ山の斜面の一部はヴィスワ川に崩れ落ちてしまった。城と堡塁《ほうるい》には、古い時計と時計塔、そして部分的に倒壊した高貴な塔が残されている。

だからショパンはこれらの塔を見学しないはずがなかった。そしてきっと時計塔を見つめながらカタラーニ夫人からの懐中時計をポケットから出してみたことだろう。そしてこの時計塔から決して離れようとはしなかったのに違いない。なぜなら彼はふたつの時計が同じ時を刻んでいるか常に確かめたかったのではないだろうか？

それから寺院の中に入って行き、カラフルなステンドグラスの輝きに目を瞬《またた》かせた――このステンドグラスを私たちはもう目にすることができない。なぜなら第二次世界大戦下に破壊されたのだ。スウェーデン戦争で失われてしまったのだ。石の球に一瞥をくれた。すべての少年はこの球に関心を抱くので、ショパンもやっぱりそうであったに違いない。球は聖歌隊席の脇にあったから、歴代の王侯たちの祀られている礼拝堂の聖歌隊のオルガンがどんな風になっているか、またヴワジスワフ・ヘルマンとボレスワフ・クシヴォウスキ王の遺骨の納められた大理石の地下の納骨堂を眺めたのに違いない。

――王様の遺骨だよ――ユゼフ・ズボインスキさんはきっと彼にこう説明しただろう。ここについ最近、今年持ってこられたのだ。王への尊敬をもってこの美しい石棺に納められたのだ。そうだ、そうだ、昔のポーランドの首都であったグニエズノやクラクフのみならず、プウォツクにも自分たちの王様のお墓はあったのだ!

寺院をあとにしたとき、ズボインスキさんは、ショパンにプウォツクがどんなに豊かで、商業が繁栄し、どんなに手工業が盛んであったかを、どんなにポーランド中で一番よい服や品質のよい亜麻布を織るかを話して聞かせたのに違いない。そして幾度となく、街を破壊した戦争について、邪悪な侵略者について、またいつの日かきっとプウォツクが往年のすばらしさを取り戻し、今よりずっとよくなるに違いない、と誰が否定することなどできるだろうか、ということも話したのに違いない。

ロシチシェヴォ

「今日はプウォック」ショパンは書いている「(……)明日はロシチシェヴォ」と。正確な日付についてはこの手紙には書かれていない。それが1827年の7月であるということだけが、私たちにわかっている。そして旅は金曜日に始まっている。ズボビンスキ氏は偶然にこの金曜日を選んだわけではあるまい。「金曜日に」ということは幸先がよいという意味だと諺で言われている。

プウォックで宿をとり、ロシチシェヴォには土曜日に行ったのだろう。きっともう、日暮れていたのに違いない。なぜならシェルピエンを通り、松林や白樺林を通って54キロもあるのだから。一行はロシチシェフスキ夫妻の家に宿泊した——この平屋の館は現存している。日曜にはだいたいここの教会に行ったのに違いない。この教会も現存している。そして月曜にはその先へと旅を続けた。

キコウ

ロシチシェヴォからキコウまでは45キロである。リピエツを通って、ここは7月、菩提樹の花盛り、ゆく道々で蜜蜂がブンブン唸り、太陽がギラギラと照りつけていた。

そしてキコウでは､湖の上に太陽が沈んでいく。ふたつの湖の上に。宮殿は丘の上に建っていて、窓からキコウ湖、そしてせまい道路をへだててスミンスキ（鯰《なまず》）湖が見晴らせる。たぶんこの名称は、そこに生息する鯰《スム》からきているのだろう。そしてキコウ――このキコウという名称はどこからきているのだろうか？

宮殿は大きくて、まさに領主の邸宅である。所有者はユゼフさんの血縁者のカロル・ズボンスキ伯爵で、彼は一番の大金持ちのひとりである。館にはもちろんピアノがある。『騎士の間』に置かれている。それを弾いてみなくては……でも今は駄目、なぜならちょうどテーブルに招かれ、ユゼフさんがこう言ったからだ。

――まず胃袋を充たして、心の栄養はその後でね。何でも順序を踏まなくては……。

トウジノ

　ショパンがズボビンスキ氏とどの道を通ってトウジノへいったのか、わからない。なぜならキコウから本当にそんなに遠くはないのだから。しかしそれはヴィスワ川の向こう側のニェシャヴァの高さに位置している。ショパンに因んだこのニェシャヴァについては、垣根の所でマズルカを歌っていた村娘とここで出会ったという、ただそれだけの史実が残されている。しかしヴィスワ川を越えるというのはどんな具合だったのか？　そこには何か橋でもあったのか？　艀《はしけ》で渡ったのだろうか？　……たぶん艀を使ったのだろう。なぜなら艀は今も存在するのだから。

　それで馬車を降りて、御者が、馬たちが走りださないように押さえ込み、皆は川を見つめていて、ズボビンスキ氏は次のように回想している。

――昔は、ここは船で行き来したものです、船でね！　あらゆる商品がヴィスワ川を渡って行ったんですから、塩はボブニア、そしてヴィェリチカからも。材木は筏師《いかだし》が筏で、プウォックからは亜麻布、そして穀類……。しかし今、それらの商品は、ヴィスワ川を通って、分割*された国境線を越え、かろうじて筏やガレー船でやってきている。筏やガレー船なんかで、どうなることやら。他国に支配され貧乏になった……それで今年は、手前の穀物さえ見通しは暗い。かつてはガレー船でいつもグダニスクへ送っていた。でも今はすべてが不安定だ。道中、私は親類の者と、グダニスクの商人とはどう商談をすすめたらよいかと話しあって、やっと話が見えてくるんだ……。トウジノにはやはりユゼフさんの親類のガジェフスキ一家が住んでいた。彼らの昔の館はただ別棟だけが残っている。新しい建物はもっとずっと後になってから建てられ、小学校になっている。

※　ポーランドは、1722年、1793年、1795年の3回にわたって、ロシア、プロイセン、オーストリアによって分割された。

コズウォヴォ

「数日間、コズウォヴォで過ごしました」手紙にそうショパンは書いている。地主は彼の親類のトウルフスキ一家であった。

さてさて、私は偶然にもコズウォヴォに行ったことはなかったか？　そうです、行きましたよ！

シヴィエツの近くのヴダ川に沿ったとても小さな村だった。ヴダ川の入り江からヴィスワ川までは9キロ。そのとき、カヌーでヴダ川を渡った。ボラ・トゥフォルスカを通って、湖からヴィスワへ。コズウォヴォには橋と製粉所があり、カヌーで行かなくてはならなかった……しかしあそこにはどんな館があっただろうか？　ショパンについてのなにかが残されているのだろうか？

そうだ、あのとき、私はまだ彼が数日コズウォヴォに逗留したということを知らなかった。もし知っていたらそのときなんらかの足跡を探そうとしたに違いない。今、私は本や雑誌を探しまわっている。しかしなにひとつ掘りだすことができない。ただ、彼の手紙からのこんな文章だけ……。

「数日コズウォヴォに滞在し、そしてすぐグダニスクに向かいました」

グダニスク

この「すぐ」は少なくとも2日間を意味している。なぜならコズウォヴォからグダニスクまで、140キロはあるのだから。しかしショパンが「すぐ」と言ったからには、私もぐずぐずしているわけにはいかない。どこに足を止め、なにを見るか、ただファイトあるのみ。ただひと跳びにいざグダニスクへ、ホップ！

ここで「黄金の門」を通ればすぐに旧市街だ。噴水のネプチューンに敬意を表してアルトスの館に立ちより、黄金の石造りの家を見て、それからスピフレージュの古いクレーンを見るために歩みを進める。

そして武具。その昔、武装と武器以外はどんな様子だったのだろうか。その中の人間を模った像、——それを動かす中に隠されているからくり、鼓手のからくり人形はバチで太鼓を叩いている。兵士は笛を吹き、軍神マルスは王座から立ちあがり、職杖《しょくじょう》に敬意を表す。今ではもうそのからくり人形はない。しかしショパンはそれを見ることができた。18世紀の終わりまでそれがあったといい伝えられている。だからたぶん19世紀の初めまであったのでは？

そしてモトワヴァの港をきっと眺めたのに違いない。グダニスクまできてそれを見ないなんて？　もう私たちが見ることのできない戦艦を見たことだろう。ただ、私たちはこのガレー船、伝馬船、帆船、蒸気船を見ることができる。それらは商品を積んで、海外諸国を航行したのである。

そしてリンデ先生の兄弟にあたるリンデ教授がショパンをグダニスクに連れて行ったのではないか。また、教会のオルガンを見せるためにオリヴァにも連れて行ったのではないか？

最近私が行ったとき、そこではバッハが演奏されていた。だから当時もひょっとしてやっぱりバッハが演奏されていたのでは？

第6章　オルガン

オルガン

オルガンはなにを思い出させるだろうか?
魔法にかけられた、それは城
大きくて、すばらしい鍵盤を持っている
幾千もの櫓や塔を持った、
ここでは非日常的なことが起こっている
うっとりするような、そして神秘的な

ふたつの鍵を持った、年老いた鍵番

ゆっくりと門が開けられる
鍵はヴァイオリンとコントラバスをかき鳴らす――
だれかがやってきた、だれかが入ってくる
城の階段は――黒と白、

それは、鍵盤のように見える
足音が聞こえる――しかしだれの姿も見えない
城の中に目の見えない客が現れた

そして櫓や塔の上で歌いだした
秘密の隠し場所から引っ張りだした
コントラバス、ファゴット、オーボエ
フルート、ラッパ、チェレスタ、そして太鼓

こんなにも多くの音
そしてここでは
オーケストラで
まだ聞いたこともない楽器が
だれがこんなにも変化に富んだ
音を聞きわけることができるのか？

だれがこんなに美しく清らかに
歌うことができるか？
これぞ魔法の音楽
その鍵は
オルガニスト

トルニ

コペルニクの城にショパンが行ったのは１８２５年の８月であった。だからどうぞトルニ*(1)に行ってみてください！　そしてまさにここはいつも多くの観光客で賑わっていて、ひと足ごとに「どうぞ、観光旅行のみなさん！」という声が聞こえてくる！　いろんな国の言葉で。なぜならここは偉大な天文学者ミコワイ・コペルニクの生まれた場所だから、全世界から旅行者がやってくる。旅行者たちは、わがポーランドの偉大な作曲家ショパンもここを訪れたんだって知っているのだろうか、と私は興味津々というところ。

彼はゴシックの暗い煉瓦のあらゆる建物を見ていた――「トルニの煉瓦のように赤い」とこの色のことを言っている。そして古い街の広場を歩き、市庁舎を訪問して、あのゆがんだ尖塔、防衛のための城壁、家、コペルニクが生まれた家も見たのだろうか？
この家について後日、ショパンはヤシ・マトゥシェフスキへの手紙に、次のように書いている。

「この部屋の片隅で、この有名な天文学者が生をうけた。どこかのドイツ人のベッドがあって、この男はきっとじゃがいもをたらふく喰らい、やたらめったらおならをぶっ放しただろうヨ。そしてこの家の煉瓦のひとつは大きな儀式の一端としてプワヴィに送られ、1匹ならずワンサと南京虫がうろつきまわっていたって、想像してみたまえ」

なぜプワヴィに送られたか——それは、プワヴィにチャルトリスキ侯爵[*(2)]によって創設された偉大なポーランド人の記念館があるからだ。そしてトルニ全体がかつてプロシアの侵略によりドイツの支配下にあった。コペルニクの家にさえドイツ人が住みこみ、その壁には南京虫がいた……トルニ中、いたる所にドイツ人がいた。そして、第一次大戦後ようやくポーランドに返還されたのであった。
今、コペルニクの家はふたつの家が接続した形になっている——生家と隣接した家は博物館になっている。ふたつの家は石造りで昔の通りに戻されている。その家の前の通りには彼の名前が付けられている。コペルニクの時代の家具、食器、コペルニクの蔵書、彼の使った天文学用機材の模型が集められている。

コペルニクの家から教会に足をのばしてみよう。「十字軍の基金で建てられたゴシック建築の教会の、その中のひとつは1231年に建てられたものです」とショパンは手紙の中で書いている。

これらの教会は、巨大な鐘のある、聖ヤン教会――これより大きい鐘というとヴァヴェルのジグムントの鐘があるだけだ。マリア教会――美しい中世の木の彫刻そしてジグムントⅢ世の娘の墓碑がある、聖ヤクブ教会――それは美しい粕薬《ゆうやく》のかけられた煉瓦造りのものである。

すべて中世に建てられたものであるが、1231年に建てられたものではまったくない。だからショパンは間違った情報を掴んでしまったのに違いない。

市庁舎についても書いていて、その中には「こんなに多くの窓は一体、1年に何日、こんなに多くのホールは何ヵ月、こんなに多くの部屋は何週間使われたのか」と書いているが、これもやはり誤った情報によっている。たぶん、市庁舎を案内したガイドさんが少しオーバーにショパンに説明したのに違いない。しかし本当にこれはすばらしいものである。壮大で美しい建造物であることに間違いはなく、重要なことは、ポーランドでもっとも古いゴシックの市庁舎だということである。今その中に博物館が入っている。そのコレクションは一見の価値があるが、とくに19世紀のポーランド絵画のギャラリーは大変に興味深い。ショパンの生きたその時代を理解するのに大変役立つ。

親友への手紙にもまたこの要塞や、まわりの城壁、傾斜した塔について言及している。これもやはり一見の価値がある。なぜならその塔は傾いてはいるものの、まだ現存しているのだから。

しかし、もっとも大きな印象をショパンに与えたのは、トルニの蜂蜜菓子であった！まず、蜂蜜菓子の店の中がどんなふうなのか、詳しく書いている。

「箱に上等なものから1ダースずつ順番にならべて、鍵をかけて寝かせてあるんだ」

そしてすべての名所を見たあとで、次のようにコメントしている。

「しかしあらゆるものの中でも、蜂蜜菓子に優るものはない、あ～、蜂蜜菓子。僕はその1本をワルシャワに送ったんだ」

その蜂蜜菓子というのはそもそもどんなものだったのだろうか？　それはきっと私が前にトルニから持ち帰ってきた昔の箱馬車を模ったものではなかっただろうか？　たぶん、そうだと思う。なぜなら箱馬車の蜂蜜菓子はどのトルニの蜂蜜菓子よりすばらしいものなのだから。

そして、この箱馬車の蜂蜜菓子は、エミルカ宛てに送られたのではないかと私は想像をたくましくしている。

*(1) ニコラウス・コペルニクス（Mikolaj Kopernik［1473-1543］）。ポーランド語での呼称はミコワイ・コペルニク。地球が太陽を中心として回転しているという、地動説を唱えた天文学者。

*(2) アダム・イエジィ・チャルトリスキ（Adam Jerzy Czartoryski［1770-1861］）。18世紀末のポーランド分割から1830年の11月蜂起後の激動期を生き抜いた政治家。

蜂蜜菓子の箱馬車

ゆくよ　ゆくよ　箱馬車が
蜜の香りをほのかにさせて
へイ、へイ
御者さん
ちょっと止まっておくんなさいな！
——いや、いや、わしは1分だって

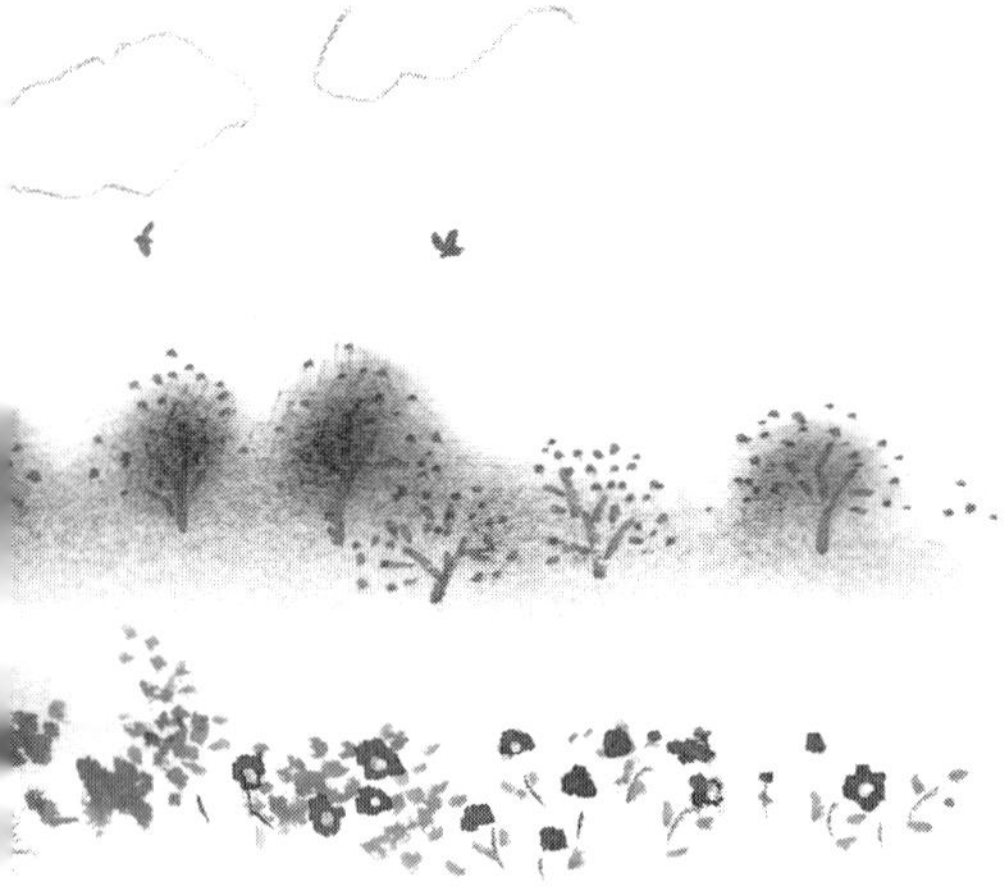

止まったりはいたしやせんよ
たったの半秒だってね
だってまわりはずうっと
森また森じゃございませんか
この森には狼がひそんでいるということですからね

この狼ときた日にゃ
そりゃあ欲張りで
ものすごい食いしん坊だっていうじゃありませんか
そりゃ強つくばりなんですから
もし1度だって牙をむき出した日にゃ
もう箱馬車の命はありませぬ……

お馬よ、お馬よ
ただ、ひたすらにワルシャワへと
急いでおくれ

クラクフ郊外通りへ
まっしぐらに
そして神に誓っても
だれにも狼のことなんか絶対に言っちゃだめだよ
娘さんたちが怖がるから
だれよりもエミルカがね！

エミルカ

たった1枚だけ、ショパンは妹の小さなポートレートを持っていた。ミニアチュアのもので、署名がないのでだれが描いたものかはわからない。だが、このポートレートは実物とは程遠い。エミルカは、非常に魅力的で優雅、機知にも富んでいた。そして抜群のユーモア・センス*(1)の持ち主であった！

彼女について、スタニスワフ・シェニツが次のように書いている。――「まだ本当に幼かったころから、驚くような想像力を発揮し、並はずれた知性《インテリジェンス》を持っていた。いつも詩を書いていて、ショパン家を訪れる人々の特徴をユーモラスにとらえていた。彼女の観察眼のすごさに、ショパンがどれほど驚いていたか、訪れた客人たちが証言している。エミルカは詩人になるだろうと言われていた」

この出来の悪いミニアチュアのポートレートを眺め、つらつらと考えてみる――こんなふうに描かれたら私だったらどうするだろうかと。ミニアチュアは手から手へとわたり歩き、家族は意味ありげに頷きあって、私が作者に感謝の言葉を述べるまで、ただじっと辛抱強く待っていることだろう。私が絵描きにどんな言葉を言うのかわかっている。もう次のような詩を組み立ててしまった。

もしも私がこのミニアチュアのようだったら
すぐにでも鼠の穴に
隠れてしまうでしょうよ！

そしてホップ！　――もう私はいなくなってしまった……アハー、もう少しなにかやらかすだろう――最初のスタンザをヌガーみたいな甘ったるい声で言い、バレリーナみたいにとっても丁寧に足を引いてお辞儀をするだろう。そしてポーズをとり、チャッ、チャッ、チャッ！

と。

それから最後の2行を、鼠が穴に逃げこむように一息に言ってのけるだろう。小劇場だったらこの私が全部やってみせたっていいわ。喜劇役者みたいにね。

エミルカもそうしたのではないかしらん？　彼女もやっぱり劇をするのが好きだった。フレデリックと一緒に、お父さんの命名日にコメディーを書いて主役を演じたのだ。コメディーのタイトルは『失策あるいは見せかけのペテン師』といい、内容は次のようなものである。

小さな町の太鼓腹市長は、子なしの城主が死んで、市長とその家族に遺書を残しているのを知った。それには自分の財産と小さな町はすべて彼のものだと書かれてある。市長は快哉を叫び、妻に口づけした。

「おぉ、わがリーブレチコ（おトトちゃん）、いとしのマウゴジャータちゃんよ
愛している、海よりも深く、山よりも高く、いや、もっと　もっとだ
とりあえず金持ちの娘エミルカを呼べ！
さあ、仲人たちが今にもここに　今にもここに　やってくる！

前にはわしの娘にプロポーズしていた奴めが
ベンチの下にでももぐってクダを巻くがよい」

すぐに両親が娘に、実は自分たちが想像もつかぬような大金持ちであったのだと話しているときに、急に見知らぬ客がやってきて、自分は領主の息子の侍従なんだといい、太鼓腹市長の家に、お殿様を泊めてあげたいと言う。荷物を置いていなくなると、書記がやってきて町で泥棒が荒し回っていると告げた。

——それはきっとわしの部屋を借りた奴に違いない！　——太鼓腹はそう考えた。そして待ち伏せしてやろうと案を練る。客が帰ると、エミルカはなんとか話をもたせて時間を稼がねばならず、一方、太鼓腹はならずものを捕らえるため兵隊に通告していた。

侍従の代わりに現われたのは、領主の息子であった。それは城主の財産相続者で、現在市長になっている男だった。兵士たちがやってきて事情を説明すると、太鼓腹は市長の座を失ったことに青くなりガタガタ震えはじめた……。

この気違いじみた間違い続きのドタバタ劇は、コメディーのフィナーレのように賑やかに終わった。持参金の額を示しながら演じるエミルカの鮮やかな演技力が称賛を浴びた。太鼓腹は勘弁してもらい、一家は新しい主人によって祝福を受ける。

「穏やかで、平和な時をお過ごしください
たくさんの家族に囲まれて！」

この太鼓腹をフレデリックは見事に演じきった——彼は文句なしの喜劇役者だった。エミリアを演じたのはエミルカでその母親役はイザベラが演じた。そしてその他大勢はショパン寄宿舎の生徒たちであった。

ミコワイ氏の命名日はいつだって家族の大事件であった。とても賑やかで思いがけない表彰やプレゼントが贈られ、一番の受賞者はエミリカとフレデリックであった。エミルカはこんな詩を書いた。

「他の人々があなたになにかを願うというのに
どうしてあなたの娘が黙っていることなどできましょうか？　おぉ、神様
この機会を逃すことなどできませぬ
あなたの娘、エミルカが
なにもしないなんてそんな恥じ知らずなことなどできませぬ

もうずっと以前から私は鉛筆で詩を書いておりました
どうかこのことを忘れないでください
そして私の気持ちを表わすものとして
もう冬も近いので
あなたに毛糸でカフタン*(2)を編みました」

「カフタン」。なんてすばらしい名前だろう！あたたかくって、居心地のよい、家庭的な響きがある。そう、すぐに寸法だってわかる！　どのくらいエミルカは、編み棒または鉤針で、たぶん秋の間中ずっとお父さんの「命名日」に間にあわせるために編み続けたことだろう。

　そしてすぐ次のプレゼントを考えなくてはならない。クリスマスのプレゼントだ。ミコワイの祭日（12月6日）からクリスマスまでもうすぐだ。そして毎日、なんやかんやとやらなくてはならないことが山ほどある！　なぜってフリツェックと一緒に創設した「娯楽文芸協会」の会合に出席しなくてはならないのだ。フリツェックが会長でエミルカが秘書、寄宿舎の男の子たちがその会員である。講義のあと、毎晩集まって自分たちの作品を読み、討論し、本――エミルカがルドヴィカと一緒に書きあげた子どものための作品を読んだりもする……。

しかしプレゼントは絶対に用意しなくてはならなかった。母には何を、そして姉妹には……？　フリツェックにはマフラーがいいのでは？　スケートをするとき役にたつのでは？　でもひっくり返って手をついたりしては、ピアノを弾けなくなっちゃうから、マフラーはやめたほうがいいのかも……。

フリツェックが滑って手をつくのではないかというひとつの考えにとらわれ、エミルカがカッカしているのをママが見とがめた。

——エミルカ、何をそんなにのぼせているの？　またお熱がでたのではないの？　あなたはしょっちゅう熱を出しているんだから。でもすぐに引くわよ。先生が大丈夫っておっしゃったわ。夏になったら温泉治療に行きましょう。

——でもお母様、もう夏のこと考えていらっしゃるの？　まだクリスマスもこないっていうのに。今はクリスマス・イブのプレゼントのことで精一杯なのに！

クリスマス・イブにはもちろん、お魚——川カマスの煮付けと鯉のソティに酢キャベツの付けあわせ。そして芥子《けし》の実入りの茹で団子《クルセク》は絶対に欠かせない！　家中がケーキと蜂蜜菓子の匂いでいっぱいだ。次はドライフルーツ——無花果《いちじく》、レーズン、なつめ椰子、イタリヤ胡桃、林の木の実。そして林の匂いのする樅の木の枝、そしてベツレヘムの馬小屋にあったような干し草……。

　干し草はテーブルクロスの下に敷きつめられテーブルの上には星が吊るされ、そして薄いウエファースを敷きつめたゆりかご。ゆりかごには非常に注意深くウエファースを敷きつめなくてはならない。とても壊れやすいので、でもエミルカはどうやるかちゃんと知っていた。ルドヴィカ姉さんがちゃんとお手本を見せてくれていたから。

　ウエファースはもう家にあった。ベルナルディンからきていたオルガン弾きが持ってきたのだ。みんながクリスマス・イブのテーブルにつくときには、星とゆりかごがキラキラと輝き、そして白いウエファースは次から次へと手渡されていくことだろう。家族中のひとびとに。ママ、タタ*(3)、ルトカ、イザベラ、エミルカそしてフリツェックへと……。


*(1)　エミリアの愛称形。

*(2)　トルコ風のゆったりとした上着（作業着）。

*(3)　ポーランド語で「パパ」の意。

クリスマス・キャロル

窓のむこうには12月の夜が　窓ガラスには氷の結晶が

ここには天使のような白い服の姉妹が
たしかに　夜　彼女たちの羽は大きくなったのでしょう
なぜって　ぼくは見たのです　空高く羽ばたいていくのを
この眼で見たのです

彼女たちは　初めて空から星を見たのです
そしてあなたのお母さんは一掴みの藁を敷いたのです
馬小屋のように――一掴みの藁をウエファースの下に

今、なにかを見つめながら、物思いに耽って座っている
お母さん、どうか言ってください
あなたがずっとぼくのそばにいてくださるって
そしてぼくを寝かしつけて
ゆりかごの中にいるように、クリスマスキャロルをうたいながら

「ルラ　ルラ　ルラ　幼子イエス　いとしき真珠
ルラ　ルラ　私のいとし子よ
ルラ　ルラ　ルラ　幼子イエス　ルラ　ルラ　ルラ」

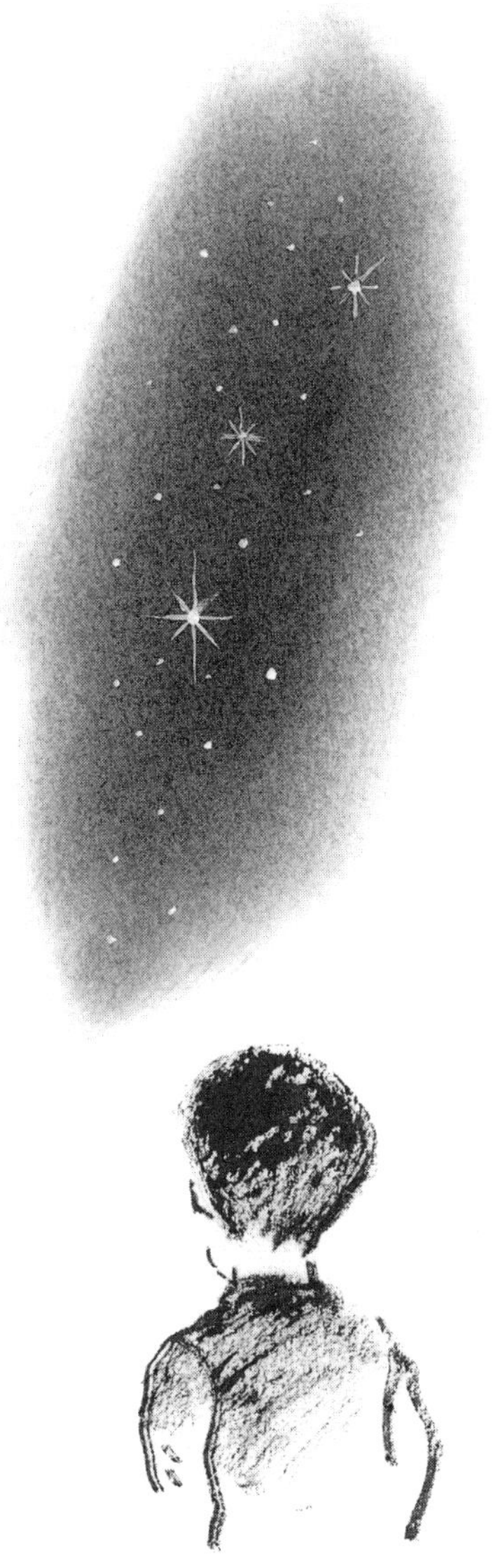

第7章　ドゥシニキ

ドゥシニキ

1826年ショパン家にもろもろの災難がふりかかってきた。エミルカが病気になり、フリツェックも発病した。親友への手紙のひとつにショパンはこう書いている。

「きっと君は僕がテーブルの下でなぐり書きでもしてるんだって思うのだろうが、違うんだ。毛布の下で書いているんだよ、頭をキャップで締めつけてね。どうしてかわからないんだが、もう4週間も痛むんだ。リンパ腺がはれちまったんでね、喉に蛭《ヒル》をくっつけやがって。ロメル先生が言うには、これは風邪の影響によるものだってね」

ロメルというのは、ゲラルドットの後釜のホームドクターであった。これらふたりの医師に次いで、まもなく3人目の医師としてマルチが加わった。しかし、誰ひとりとしてエミルカの発熱と、フリツェックの「風邪の影響」なるものが結核の初期症状であることを推定するものはいなかった。なぜなら当時の医学では、そこまでまだ見通すことができなかったのだ。

夏になるとユスティナ夫人は、子どもたちと治療に出掛ける決心をした。当時そのことを「お水へ」と言っていた。下部シロンスクの保養地、バド・レイネルツへ――それが現在のドゥシニキーズドゥルイ（源泉）である。

このユスティナ夫人の決意とは関係なく、スカルベック伯爵夫人が家族とともに来ていたであろうし、ドゥシニキにはしばしば、ジヴニの後任のフレデリックの音楽教師としてユゼフ・ユルスネルも湯治客として訪ねてきていた。彼はきっとここの穏やかな気候のこと、ストウォヴィとヴィスチツキ山の狭間の森林の中の、ビスチェ川のほとりに位置する、そのすばらしい地理的状況について話したのに違いない。そしてもちろん、お水――ドゥシニキの鉱泉はずいぶん昔から、治療に効能あるその特性が宣伝されていたのである。

ドゥシニキではショパン夫人は息子とブルゲル家に滞在した。今日、ジェロナ通り6番地の同じ場所に「ノクターン」という名のペンションが建っている。煉瓦作りの壁には、「1826年、この家にフレデリック・ショパンが母と姉妹たちと住んでいた」と書かれている。

これはいささか眉唾もので、ブルゲルの家はとうになく、この記念碑はかつてその家が建っていたという場所にあるだけだ。姉たちは先にやってきていて、エミルカはスカルベック伯爵夫人と、あとからやってきた。ルトカはスカルベック伯爵とその息子ときて、ドゥシニキでは母や弟とは住まなかった。だからこのプレートは書きなおさなくてはならないのでは？

ワルシャワからドゥシニキまでの旅についてショパンは、ウィルヘルム・コルベルクへの手紙で次のように書いている。

「僕らはブウォナ、ソハチェフ、ウォヴィチ、クトノ、クオダヴァ、コウオ、トウレック、カリシュ、オストルフ、ミエンジブシュ、オレシニツァ、ヴロツワフ、ニムスフ、フランケンシュタイン、ヴァルタそしてグワツと旅を続けてきました。ライネルツで馬車を停めました……」

ニムスフというのは現在のニェムチャで、フランケンシュタインはゾンプコヴィツェ、シロンスク、ヴァルタがバルド、そしてグワツがクォツコである。すべての場所を地図で当たってみた。そして——ショパンはどうしてこんなによく覚えていたのだろうか、と考えてみた。

それぞれの町々の距離はだいたい似たりよったりである。多かれ少なかれ三十数キロ程度のもので、ちょうど馬を交換しなくてもよい距離なのである。だから宿駅ごとに、町から町へと、短くても長くても停まりながら行ったのである。長距離のところでは宿泊したのに違いない。ということは、たぶんショパンはたとえほんの一瞬にせよ、ウォヴィチでは壮麗なコレギア教会や多くの遺跡を垣間見ることができたのではないか？ そして道すがらには、ウォヴィチの羊飼いの娘に出会ったりしたのではないか？ だれかが彼にこう歌いかけなかったとだれが知ろう。

「私は男の子が好きだけど、ハンサムじゃなくちゃいやだわ
金髪男も、黒髪男もダメ
だって金髪男は女たらし
惚れっぽくて　飽きっぽい！」

カリシュではきっと「ドロトカ」なんて可愛い名前を持った古い塔を見たのではないか？そしてヴロツワフではオストロ・トムスキ、市庁舎、そしてヴロツワフ中でもっとも美しい聖十字架教会。この教会の塔は高さが70メートルもある。伝説によれば、いたずらな書生っぽがからすの巣を取り除こうとして、それによじのぼった、ということだ。そして墜落してしまったとはいえ、彼はかすり傷ひとつ負うことはなかった。なぜならマントを着ていたからで、それが落下傘のように開いたということだ。事件はこの煉瓦作りの塔の中に石のからすとなって残されている。

そしてヴロツワフのあとには、ピアストのいたましき聖母マリヤの奇跡の絵——それは何年にもわたって戦時以来、不幸から人々を救っていた。クウォツコ——バロックの彫像

で飾られた美しい石の橋がある。この橋は、かの有名なチェコのカレル橋のミニアチュアである。

駅馬車（定期乗合馬車）の窓からこんなにも重要な、こんなにも新しい景色を行く先々で見ることができる。そして駅馬車というのは、急ぐこともなく、恐れることもなく、山の麓を走ってゆく。そして4頭の馬のかわりに6頭馬車で行かなかったと誰に言えるだろうか。なぜなら4頭では対応できなかったのではないか？

ショパンがこの旅行に関する記述を何も残していないのは、かえすがえすも残念なことだ。なぜなら絶えず推定しなくてはならないからだ。しかしドゥシニキでの滞在についてはなにか述べている。ヴィルス・コルベルグへの手紙の中に次のように書いている。

「2週間、もうここの水を飲みました。どうやら前よりは元気そうになったと言われ、少しは太ったようで、すっかり怠け癖がついてしまいました。こんな長く僕のペンを休ませてしまったことを、君が咎められてもしかたがない。でもほんのちょっとでも家にいる時間を見つけだすのがどんなに大変か、僕のここでの生活方式を見ればわかってくれると思う。――病人はみな、遅くても朝の6時には冷泉まで行くのだが、ここではもうお粗末な吹奏楽団――まるで漫画に出てくるみたいな、煙草まみれの胡座をかいたみたいな鼻の痩せたファゴット弾きを先頭に数十人の編成で、馬をこわがるご婦人方をおどしながら、そぞろ歩きの湯治客の伴奏をつとめているんだ（……）——そういうお散歩が大体8時まで続く、カップに何杯飲まなくてはというのは人によって違うのだが、それから（それぞれ自分の所での）朝食に向かうのだ。朝食の後12時まで普通の散歩をする。その時間にお昼を食べなくてはならない。なぜならお昼の後、ブルンに行くので。お昼のあとは、普通、朝よりもっと大きな仮装舞踏会なのだ。みな着飾って、朝とは違った衣装に着替えるんだ！またひどい音楽に台無しにされるんだが、夕方まで練り歩く」

この「ブルン」は「ブルネ」のことである。なぜなら、ドイツ語ではこのように正しく書かれるべきである。これがまさにショパンの飲んだ水の源泉なのだ。現在、源泉は「ショパンのお水飲み場」という名を持ってる。

シャファルニアの夏休みとはなんと違っていたことか！　あそこでは毎日が冒険、なにか事件が起きていた！　しかしここは毎日が同じなのである。遊歩道をそぞろ歩きしながら、水飲みカップを手に、一口、一口飲みながら。その上お粗末なオーケストラの伴奏つきで！

ショパンにとって、ドゥシニキでの退屈な治療の中の唯一のアクセントというべきものはピクニックであった。しかしこれには医者の指示に従わなくてはならなかった。手紙には次のように書かれている。

「僕はライネルツをとりかこむ山々を歩いている。しばしばここの谷間の景観に魅せられている。僕は不承不承うろつき廻っている。ときどき四つん這いになって。しかしみなの行く所には僕は行かない。なぜなら僕には戒厳令が発令させられているのでね。ここはライネルツの近くで、ヘウーシュエウルという岩山があり、すばらしい景観だ。しかし健康ではない者にとって山の頂上の空気は必ずしもふさわしいものとはいえなくて、僕はそんな患者のひとりだから、そこに行ってはいけないんだよ。

でもそんなことは取るに足らないことで、アイゼンドライといわれている山には行ったんだ。そこには隠者がいる。ライネルツの高い山を歩きながら、隠者が作った百数十段もの石の階段を登った。ほとんど垂直の直線になっていて、そこからライネルツのすばらしい全景観が見わたせる。僕たちはホヘンメツウにも出かけた。ここもやはりすばらしい景観に恵まれている。きっと効果抜群だと期待している」

手紙には非常に多くのドイツの名前が出てくる。当時、下シロンスクの全体がドイツの支配下にあったからだ。そしてホヘンメッツへのピクニック——たぶんオルリッツの山だと思うけれど、それはおそらく実現できなかったのだと思う。というのもこの山は180メートルもあるから。だから160メートルほどのヘウーシュエウルでなかったら医者は許可しなかっただろう……あぁ、なんていやなお医者さんたちだ！　楽しみをひとつひとつ潰すのではかえって人間を駄目にしてしまうのに！

でも一番残念なことというのはピアノがなかったことだ。

「シロンスクを取りまく魅惑的な景観が僕を虜にしています。それでも、あるひとつのことが欠けています。ドゥシニキのあらゆる美もその埋めあわせをすることができません。それは、よいピアノがないということです。ここにはひとつもよいピアノがなく、そして他には僕を楽しくさせるより、気分を悪くする楽器しかないのだと想像してみてもくださ い」

——エルスネルへの手紙にショパンはこう苦情を述べている。

そしてかつてのショパン邸で、今「保養劇場」と名付けられている場所には、プレートに、「このホールで1826年8月、フレデリック・ショパンがコンサートを開いた」と書かれている。この演奏会について、ある新聞は「これが彼の外国での最初のコンサートであったが、すばらしい演奏であった」とコメントを載せた。

だから、彼はそんな状況でも演奏したのだ。ひどい楽器であったにもかかわらず、それはすばらしい出来であった。言い伝えによると彼に治療のための水を与えた少女の名はリブーシャというのであった。彼女には4人の弟妹があった。母親はもう早くに亡くなっていて、土地の工場に勤める父親は、ちょうどショパンがドゥシニキ滞在中に仕事上の事故で命を落としてしまった。それでこのリブーシャとその兄弟を助けるためにこのコンサートの全収入をこの孤児たちに寄付したのであった。

「青年時代、高貴な精神を持っていた」――保養地の公園のショパン記念碑には、そう書かれている。それは、記念のプレートと音楽の記念碑である。ドゥシニキでは1年中ショパンの音楽を聴くことができるが、一番よいのは8月で、その月にはショパン・フェスティバルが開催される。そして彼がかつて演奏したホールでは、蝋燭の光のもとに演奏がなされるのである。

蠟燭のもとのコンサート

数本の枝をもつ飾り燭台の蠟燭に火が灯された
こんなにたくさんの蠟燭？　どうして　こんなにもたくさん？
ショパンさまがいらして　弾いてくださるのかしら？
さあ　もう少し待ちましょう、待ちましょう

ショパンさまが鉱泉のすぐそばにいたのを見たのですもの、ね
八月の間　このプロムナードにお姿を見せていたのですもの
水のみカップを手に毎朝散歩していらした
痩せ細って、考え深げで、少し青ざめていて

午後にはとても急いで郵便局に走っていきます
できるだけ早く手紙を出すために
郵便配達夫に出会った時にはすぐ訊ねます

――ね――、おじさん、ぼくに手紙きてませんか？

ショパンさまはこの花壇から
エミリアちゃんのために小さな花を摘んでいらした
花壇に身をかがめていたのが目に浮かぶよう
夏、この公園を、大通りを、歩いていらした
いらっしゃるかしら？　一寸でも戻ってはいらっしゃらないかしら？

ほんの一寸でも戻ってきて、弾いてくださるのではないかしら？
お二人でこのホールに入っていらっしゃるのではないかしら？
楽譜を持っていらっしゃる、何とよかったこと
エミリアちゃんは――白いスカーフを首にまいて…

教授たち

ドゥシニキから帰ってくると、ショパンはヤシ・ビヤウォブフォツキに次のような手紙を

書いた。

「（……）もう僕は中学には行きません。1日6時間も座っているのは馬鹿げたことではないでしょうか。ドイツ人だろうと、ドイツとポーランドの混血のお医者さんたちだろうと、できるだけ多く歩くことを僕に要求している。2度も同じことを聞くというのは、馬鹿げたことではないでしょうか。今この時間に、なにか別のことを聞けるということのときに。結局、エルスネルのところで1週間にびっしり6時間対位法を学ぶことにしました、すなわちプロジンスキ、ベントコフスキ、その他の音楽に関する科目の講義を聴講しました。9時に就寝。マルチの命令で吐き気を催す水を飲んでいます、そして馬しか食べないようなのりみたいなからす麦を食べさせられています」

こんなにも多くの変化、こんなにも多くの新しい出来事、他の学校、もうワルシャワの中学ではない、コンセルヴァトワール、新しい教授たち、他の医師。ただ健康状態に改善はみられなかった。たとえ数キロ体重が増えたにせよ……シャルファニアでは屋敷の召使達が歌っていた、――「われらがワルシャワッ子、犬ッコロのように痩せっぽち」ドゥシニキではホ*エーを飲んだにもかかわらず肥ることができなかった……

「ホエー」――私が考えるのに――カップ、カップ――もうわかった、それは麻の袋に入っていて、チーズにするためのミルクを注ぎ、一滴、一滴、黄色いホエーのための液体を滴らせるのだ。そしてそれはすぐに山で飲んだ羊のミルクのホエーを思い出させる。山人たちは「ジェンティツァ」とそれを呼んでいた。だからショパンもドゥシニキでそのジェンティツァを飲んでいたのではないか？　そしてワルシャワではのりみたいなカラス麦、この膠状のものは、彼にとっては「馬のよう」に餌を与えられているみたいで、また「吐き気のする水」――それは咳薬であった。そして夜の9時には就寝。

コンセルヴァトワールまでは近く、わずか数歩の所にあった。なぜなら、大学と同じひとつの建物であるカジミエシ宮殿の中にそれがあったからだ。エルスネルの所での勉強はそんなに時間をとられなかった――1週間に6時間程度のものであった。だがこの講義を大学で聴いたのだろうか？　それはどの位でどんなものであったのだろうか？　ショパンはすべて音楽に関係のあるものだったと言っている。「プロジンスキやベントコスキの講義を聴いている（……）」

カジミエシ・プロジンスキは詩人で芸術家の友人で、自分のポーランド文学の講義の中で、他国を迫害してはならない、最高の学校というのは自分の国の歴史であり習慣であると述べ、聴講者に昔の詩人の作品を紹介し、新しい詩人についても語った。恐らく彼はショパンに、ヴィルノ生まれのアダム・ミツキェヴィチという詩人がいるが、彼のバラードや、ロマンスは絶対に読まなくては駄目だとそっと耳打ちしたのではなかったか？　いや、それはプロジンスキではなく、エルスネルが最初に、――彼の詩とお前の作品はどこか共通したものがある……と言いながらミツキェヴィチの本を差し出したのではなかったか。

しかしプロジンスキも絶対にミツキェヴィチのことに言及したのに違いない。

世界史の教授で、読書家、歴史的記念品の収集家のフェリクス・ベントコフスキは、大学の豊かな蔵書を利用するよう、またミケランジェロ、ラファエロ、レンブラント、ルーベンスのデッサンのあったギャラリーを訪問するようアドバイスしたのに違いない。だからきっと1時間以上はこの図書館にいただろう。

コンセルヴァトワールとエルスネル教授のことに話を戻そう。授業の第1年目にすでにユゼフ・エルスネルは、ショパンの名前の脇に、「特別の才能」と書き記している。翌年、生徒の才能をより高く評価し、最終試験には「音楽の天才」と太鼓判をおした。

エルスネルは常に、自分のことをただ「功は少ないが、自分は幸せな教師であった」と述懐している。もし他の人が彼の立場だったらこう言ったに違いない。

――ショパンがあのような音楽家になったのは、私の、私のお陰だったんですよ。私もやっぱり作曲家で、私のオペラは舞台で上演されましたし、私の作品は教会で演奏されています！

しかしエルスネルは自分とその弟子を正当に評価することができたのだ。そして自分のことはたとえ教師としても控えめに言いすぎていたし、音楽に関してはショパンと比較してはならないと考えていたのに違いない。そしてどんなにか彼の成長を注意深く見守り、彼の成功を示すあらゆる記事を喜んだかは、年老いた教授が後年自分の生徒に書き送った手紙により証明されている。

「愛するわれわれのフレデリックについて、すべて耳にしたり読んだりした時には嬉しさで胸がいっぱいになります。われわれのフレデリックについて、世間で知られている以上に私は彼を尊敬し、非常に非常に愛している。天才として、人間として」

そしてショパンは自分のエルスネルへの手紙を「もっともお慕いする生徒より」という言葉で結んだのである。ショパンの手紙がすべて保存されていないというのはなんと残念なことだろう！　この失われたものの中でエルスネルについてもっと多くのことを知り得たのではないか？　なにか小話の類でも見つけ得たなら、この好ましい人物はわれわれにもっと身近な存在となったのではないか？　ジヴニにはあれ程多くの言い伝えがあるのに……。

えーと、私はどこでこの文章を読んだのだったろう。――「エルスネルは並外れてうっかり者であった」――あぁ、もうわかった。カジミエシ・ヴィチツキの回想記にあったのだ。ヴィチツキは、エルスネルがトランプ遊びの後、知人の家を後にしたときのことについてこう記している。

「（……）彼は頭に帽子をのせ、杖でソファーやタンス、ついにはソファーの下まで突っ付きまわしていた、まるでなにか探そうとしているかのように。

――先生、何を探していらしゃるのですか？――皆が聞いた。

――ご一緒にお探ししますよ。

彼は長いこと答えず、そのまま自分の探し物を続けていた。ついにもう我慢できなくなって言った。

――悪魔めが、どこにワシの帽子を隠しおったか？

ようやくそれは彼の頭の上にあるとみんなが指さすこととなった。彼は心の底から笑い、大喜びで帰っていった」

はるかなるその帽子に、心からの敬意をわれわれは贈ることとしよう。

＊　乳清。ミルクからチーズ成分（凝固成分）を採った後の水っぽいミルク。

第8章　謝肉祭

謝肉祭

1827年1月。

「ソリというものはなかなかよいもので、シャンシャンシャンと鈴を鳴らしてもう4日も走り回っているよ」

ショパンは親友にそう書いている。そしてすぐに核心に触れている。

「大晦日の仮装舞踏会っていうのはとっても大切なことだ。まだこんなパーティーに出たことはない。だからバルチツキと一緒に今年は行きたいと思っているんだ」

謝肉祭は1月のはじめである。通りは、少なくとも去年まではそうだったが、人々の行き来する喧騒や音楽にあふれていた。仮装した人々がクリスマス・キャロルを歌いながら家々を回り歩いていた。郵便配達夫は郵便局の前、ホテルの中庭、ガレージなどでラッパを吹く。煙突掃除夫は新年の挨拶を述べながらアパートからアパートへと走り回っていた。軍楽隊は将軍や陸軍大佐の宿舎の前で太鼓を叩いていた。

そして夕方には、ダンスパーティー、今でいうディスコティックのお茶の会。そして国立劇場のホールでの大仮装舞踏会。絹のコートと帽子の美しいご婦人方が、顔をビロウドの小さな仮面でかくしている。殿方がダンスを申しこんでいる。

――美しい仮面の御方、お名前は何と？

――どうぞお当てくださいまし……。

そしてオーケストラのすぐそばで踊り、踊り狂う。そしてショパンはホールを眺めまわし、どの踊り手を相手に選び、だれと踊ったらよいか？　もうわかっている。「ワルツで何だか変てこなステップを踏んでいた、細っこい、痩せた、足をもつらせていたあの踊り手」を選んではいけないって。

このように彼は仮面舞踏会にぜひとも行ってみたいと思った。彼はとても社交家だったし、踊りが好きでもあった。舞踏会はポロネーズから始まっていた。

「さあ、ポロネーズを始めるときが参りました――
侍従が音頭をとり
コントウシュの肩袖を軽く後ろに投げ
*(1)口髭を一捻りするとゾシャに手を差し伸べ
最初のカップルに丁寧にお辞儀した」

——ミツキェヴィチが「パン・タデウシ」の中で数年後、このように書いている。しかしショパンはもちろんマントなどをはおってはいない。燕尾服に身を固めていた。そして口髭もない——17歳の青年が口髭などとんでもない——そして最初のペアとして踊るチャンスはなかったであろう。なぜならいつだってポロネーズの行列の先頭は一番年長者——と決まっていたのだから。

当時の舞踏会で、どんな踊りが踊られていたのだろうか? 私達はその中に、マズル、オベレック、クラコヴィヤク、クヤヴィヤク、コッサク等があったのを知っている。そしてその他に、ガヴォット、ドラバント、社交ダンス、カドリル、コティリオン、アングレーズがあった。そしてドイツの舞踊、ワルシャワでシュタイエルといわれていたワルツ、ゴルビンが小さな詩を書いている。

「ルドヴィカ嬢は半ズウォティ*(2)で
プロシアのワルツを命じた……」

だからショパンはどうやってこれらのダンスをこなそうかと頭をめぐらし、そしてこの人生初の公の仮面舞踏会に行くのが嬉しくて仕方なかったのに違いない。しかし私が思うに、彼は結局舞踏会には行かなかったのではないか。
ロシアの分轄の抑圧——政治的嫌がらせ、逮捕、追跡。レシノのカルメリタ修道院は、政治犯の監獄と化していた。学校ではニェムツェヴィチの史歌の斉唱が禁じられた。なぜなら、それは愛国的感情を目覚めさせるものであったから。コンスタンティ侯爵はスタティツの作品を燃やすよう命じ、「科学の友協会」の図書館とともに没収された。ワルシャワには哀愁が色濃くせまってきていた。

「謝肉祭はなくなり、警察は買い付け人組合に対し、聖シルヴェステル（大晦日）の日に舞踏会をするよう命じた。しかし誰ひとりやろうとする者はなかった」——フレデリック・スカルベック伯爵は回想録にそう書いている。

「すべてのポーランド人の家の扉は固く閉ざされ、唯一の友人、そして自分たちの信頼する客のみが、踊り手たちと楽しい時を過ごせるよう受け入れられたのであった」

公の舞踏会はボイコットされ、家で踊ることはできなかった。劇場の観客もいつもより少なかった。ショパンの手紙には、「僕は劇場に行きました」と繰り返し書かれているのであるが。

クラシンスキ広場の国立劇場は、アウグスト・スタニスワフ王の時代に建立された。ショパンがシェクスピアの『オテロ』、ゲルドハブ・フレデイの『貴婦人と騎兵隊』、『ヨビアルスキ氏』、『クラクフの住人と山人』を鑑賞したことをわれわれは知っている。そして絶対に「ヴォイチェフ・ボグスワフスキ」に喝采を送ったのに違いない。その記念碑が今日、劇場広場に建っていて、そこには「同胞――国民の舞台創造者」と書かれている。

『セヴィリアの理髪師』――ロッシーニのオペラにも行った。この上演を大変気に入った彼は手紙に次のように書いている。「(……)『セヴィリア』からヒントを得て、新しいポロネーズを作曲しました」と。

『セヴィリア』の後、劇場は、ウェーバーの『魔弾の射手』を上演した。このオペラもショパンは観に行ったのに違いない。というのもこの有名な作品は大変に面白く、きっとこれは「ワルシャワで大評判になるだろう」と書いているから。

こういった催し物をどんな席から彼が観たのか興味深いことである。劇場は大きく、1200席あった。舞台と客席はオーケストラ・ボックスでへだてられている。平土間には腰掛けとしてただ数列のベンチが置かれ、あとは立ち席で、両脇がボックス席になっていた。4列のボックス席――上にいくほど、チケット代は安くなる。そしてボックス席の上に、ワルシャワで「燕《ヤスクウカ》」と呼ばれている天井桟敷席がある。「燕」のチケットは一番安いから、そこは若者や学生で満席になった。しかしショパンの姿は「燕」には見受けられなかったのではないか。きっとエルスネルとボックス席で観たのだろう。というのも、コンセルヴァトワールの学長で、国立劇場で上演される多くのオペラの作者であるエルスネルは、ここにたぶん彼専用のボックス席を持っていたのに違いないから。もしくはショパンは、彼が演奏したサロンの裕福な貴婦人のひとりから招待されたのではなかったか？　彼女達もやはり自分のボックス席を劇場に持っていた。今日、この劇場はもうない。観客席のライトは消え、俳優たちも舞台から去った。クラシンスキ広場に残されたものはただ宮殿のみである。

ミョドヴァ通りの宮殿から私はクラクフ郊外通りのほうへと歩いて行く。そしてここにはベルナルディン教会があり、イヴにはカラフルな色付きのウエファース〈聖餐用の薄いパン〉をもらう。ここでショパンはきっと、キリスト降誕劇を観たのに違いない。なぜならもっとも豪華なかいば桶での上演は、まさにこの教会でおこなわれたのだから。

この建物の脇にはラテン語で〈Res Sacra Miser〉と書かれている。これはポーランド語で、〈貧しき者は幸いなり〉という意味である。昔ここにワルシャワの慈善教会があり、そこでショパンは幾度となくコンサートを開いていた。そして高校の生徒としてヴィジト*(3)

キ教会で、オルガン演奏をしたものである。この教会もやはりクラクフ郊外通りにある。修道院付きの教会は、ヴィジトキ修道女の集会所とワルシャワでは言われ、当時教会として、大学や高校の若者達が礼拝に通った。

「高校生のオルガン弾きになりました」とショパンは手紙のひとつに書いている。

「拝啓。小生、今や重要人物！　プロボシ神父の次に高校きっての有名人。毎週、日曜日ヴィジトキ教会で小生がオルガンを弾いているのであります、他の連中が歌っているときにです」

しかし非常にすばらしい演奏をした。ときに即興演奏さえまじえて。聴衆は驚いて祭壇のほうに向けていた頭を一斉にオルガンに向けた。

私はヴィジトキ教会を見回し、オルガンを見やった。しかしここではカーナヴァルは終わり四旬節がすでに始まっていて、教会では『苦き悲しみ』が歌われていた。

「（……）家には病人がいる」――ショパンは1827年3月に書いている。「もう4週間エミルカは寝ていて、咳をして喀血が始まり、ママはとても恐れている。マルチはそのとき、放血法で血をだしてしまうよう命じた。1回（……）2回、数えきれないほどの蛭で吸わせ、発泡膏、からし泥、ダチュラ（朝鮮朝顔）、冒険に次ぐ冒険！（……）あたたかい日には、大学の大きな建物群の向こうの校庭や、ヴィスワ川の土手の急斜面の洞穴にエミルカは運ばれていった。彼女は子どもたちと遊びながら、ヴィスワ川を眺めたものだ。ルトカが彼女に飲ませるため、あたたかい山羊のミルクを持っていった。子どもたちは花や、湧き水を持ってやってきた。そして彼女は子どもたちにお伽話を話してきかせた。『シンデレラ』、『赤頭巾ちゃん』、『ヤシとマウゴシ』、『金の家鴨』——これはここからすぐ目と鼻の先のヴィスワ川の土手際にあるオストログスキ宮殿の地下室で金色の家鴨が宝物の見張りをしているという伝説。また王子さまがやってきて、眠りから目覚めるまで眠って、眠って、１００年も眠りつづける『眠り姫』のお伽話を話して聞かせた……。声はだんだんか細くなり、次第に疲れてきて、お話は何度も彼女の咳にさえぎられた。もうエミルカには多くの日は残されてはいなかった。山羊のミルクでも助けることはできなかった。放血させるプラスター療法も功を奏することはなく、彼女の体はすっかり結核菌に冒されてしまっていた。そして、１８２７年の4月にその短い生涯を閉じることとなった」

「14歳の春その命は花が散るように消え去った。美しい希望の花咲かせつつ」——ポヴォンスキの彼女の墓にはそう刻まれている。エミルカが最後に書いた詩のひとつは、フランス語で彼女の親友の記念帳に次のように書き記されている。

Mourier est mon sort.

Je ne crains point la wort;
Mais je crains de mourir
Dans votre souvenir

ポーランド語では次のような意味になる。

「死――そはわが定め
われ　死を　恐れず
ただ　恐れるのは
人々の記憶から消え去ること」

＊(1)　ポーラント士族の着ていた長い上着。
＊(2)　50グロシィ。
＊(3)　ヴィジトカの複数形。

クラクフ郊外通り　５番地

エミルカの死後、ショパン夫妻の家族はカジミェシ宮殿から近くのチャプスキ宮殿へと移った。クラクフ郊外通りの右側から左側へ。通りを反対側に渡れば目的地に行きつける。クラクフ郊外通り5番地、タルグッタ街の角である。しかし当時はタルグッタ街はまだなかった。

宮殿の別館の左の正面の壁に次のように書かれている。

「フレデリック・ショパンは１８３０年にワルシャワから永遠に去るまで、この家に住み、作曲した」

住居は3階にあった。今日、もう当時の面影はない。なぜならチャプスキ宮殿は、第2次大戦下に全部、破壊しつくされ、後に再建されたからである。しかしこの住居のひとつの部屋――ショパン夫妻のサロン――に置かれていたデッサンが生き残った。そのためこのサロンは復元され、家具も備えつけられたのである。

記念碑的調度の中、ただ1点のみがショパンにゆかりのあるものだ。書き物机はかつてショパンの長姉のルドヴィカのものであった。壁には、両親、姉妹、そしてジヴニの肖像画が飾られている。そしてこの2番目の男性は、カロル・クルピンスキであり、彼こそがまさにこのサロンでショパンのコンサートのためのリハーサルのとき、指揮をした人物である。

ショパンの部屋はその1階上である。「上の部屋はもう僕のために快適に過ごせるようになっていて、小さな仕度部屋に通じる階段から、そこへ行けるようになっている。そこに僕は古いグランドピアノ、古い机などを用意して、そこで自分のための隠れ家をもたなくてはならない」――彼は親友への手紙に、そう書いている。

この部屋が元通りにはもう復元できないというのは残念なことである。しかしもしかして……？　私は次のように想像してみた。

壁には灰色のパールがかった色調のツルツルの壁紙――当時は単に「紙」といっていた――が貼られている。ショパンは非常にこの色を好んでいた。窓は縞柄の木綿のカーテンで覆われ、下はモスリンの窓掛けがかかっていた。

ベッドは見えない――多分寝室かつい立ての後にあったのであろう。簡素な椅子、大きくて便利な安楽椅子。椅子の下にルドヴィカかイザベラが丹精こめてクロスステッチの刺繍をほどこした、柔らかなスリッパが置かれている。ニスの塗られた古くて存在感のあるグランドピアノ。数えきれない程の引き出しのあるとねりこ材の書き物机。燭台の蝋燭、インク壺、鵞鳥《がちょう》のペン。そして楽譜。どこもかしこも楽譜だらけ。書き物机の上、ピアノの上、ソファーの上。絨毯の上にさえ落ちていた。それを絶対に踏みつけなくてはいけない――これは古い劇場人の迷信だ。踏みつけないとコンサートは成功しないのだと……。

当時、こういった楽譜は本当に一杯あった。楽譜の中にはポロネーズやマズルカを除いて、これらの中のもっとも初期のもの――ノクターン、ソナタ、ワルツ、ロンド――マズルカ、クラコヴィアックの下書きがあった。その後で、二大協奏曲が書かれた。ショパンが19歳から20歳までの間に作曲されたものである。

この、彼の住んでいた、昔のチャプスキ宮殿は、現在美術アカデミーの校舎になっている。クラクフ郊外通りの正門のある場所は学生達の出入りする校庭になっている。丁度、当時のショパンの年代の学生達である彼らは、油絵やデッサンを持ってここを行き来する。

ショパンは絵画について非常に美しい言葉を残している。

「絵のあるところ、そこには音楽が聞こえてくる」

そして彼自身時に、鉛筆、クレヨン、筆に手を伸ばし、手紙に自分のデッサンを同封した。彼はデッサンした人物の特徴を見事に掴みとった。シャファルニアの村娘マリアンナ・クロパトヴィアンカの小さな肖像画――きっとカリカチュアだと思うが――について次のように書いている。

「うまくいくのは滅多にないことだ。似顔絵を描いているのではない。最初はそっくりに描くことなど到底できない相談だと思っていた。ところがヤシが部屋を通りかかりながら、僕の描いている絵を見るや、『こりゃー、クロパトヴィオンカだ』と叫んだ」

中学生の時、ショパンは先生たちをモデルにしてカリカチュアを描いた。

「あるとき、リンデ先生のカリカチュアのスケッチをちょっとの間にやってのけた。運悪く、そのノートを先生に見られてしまった、先生はノートを返しながら、デッサンの下にこのように書き添えた。

『デッサンはよく描けているよ』」

このようなカリカチュアが何点か残されている。その中の1点にはショパンは自分自身を描いている。ハシゴによじ登っているところで、その上にふたりの先生が立っている。現代漫画のように吹き出しの中に冗談めかした台詞がそえられている。

リンダの似顔絵も残されている。カリカチュアではなく、クレヨンでのデッサンである。そして数枚の水彩画、プラハの風景とジグムント王の円柱。

そして回想録作家は、さらにスケッチブックにプードルかなにかをスケッチしたものについても言及している。そして女性が刺繍している図案のようなもののことも。私にはすぐりのように思われる。あるいは花なのか？　……いずれにせよ、それはなにか夏の風物を連想させるものである。

サンニキ

サンニキはマゾフシェ地方に位置し、ソハチェフから30キロの地点にある橇《そり》の町と名付けられた、美しい場所だ。かつてこの町で橇が作られていた。冬っぽい名前である。しかしショパンはサンニキで橇を見ることはなかっただろう。なぜなら彼がここにきたのは夏だったのだから。

1828年の休みを、彼は学校時代の親友の両親の所有地で過ごした。コンスタンティ・プルシャック——手紙の中で「コストウシャ」と書かれている。

プルシャコヴァ夫人はとても社交的な人で、古いポーランドならではの客扱いのうまさを持っていた人だ。その館は常にコストウシャの親友や妹のオレシャの友人など若者たちで賑わっていた。だからもちろん、ダンスも遊びも歌も音楽も、散歩も男女の戯れもあった。ショパンはオレシャとティトゥシュ・ヴォイチェホフスキの仲立ちを試みているが、功を奏さなかったため非常に不満足であった。

それに反し、他の分野においては、見事にその役割をまっとうしたのに違いない。なぜならプルシャク夫妻の家ではアマチュア劇をよく上演していたのだから。ありふれた俳優としての才能ではなく、とくに喜劇的性格俳優として、その本領を発揮した。太鼓腹の知事役で出演した喜劇はエミルカと一緒に書いたのだが、みんな文句のつけようもなく喜劇的だといいはやしたものだ。

学生時代には教授たちをパロディー化した。社交的な集まりでは、さまざまな人物の模倣をして楽しんでいた。知人の声をものの見事に真似ることができた。冗談や小話を上手に語り聞かせることができた。

サンニキで彼が語ったことをだれ一人書き留めておかなかったのは、惜しんでもあまりある。それらの中から引用することができたらどんなによかっただろう。それともだれか書き留めてはいたのだが、紛失してしまったのか？　このサンニキはショパンが滞在していた頃に比べて大きな変化を遂げていた。

大きな城壁にめぐらされた公園がある。古い樹木もある。しかしプルシャクの館はもうない。今ある小さな城はだいぶ後になって建てられたものだ。ただショパンがここで休暇を過ごしたのだという伝説が残されている、だからその伝説を語りついでゆくべく、プルシャクの次の地主は邸の石のプレートに次のように記した。

「この館に1828年、フレデリック・ショパンが滞在した。」

今、この小さな記念館には、舞台付きのホールとグランドピアノが置かれ、そこでショパンのコンサートが開かれている。こんなコンサートに私はめぐりあうことができなかった。私はだいたい平日に訪れたのだが、コンサートは日曜日に開催されていたからだ。しかしコンサートホールの脇の博物館のほうは見学している。その中に19世紀の調度品、絵画、書籍等が集められている。ショパンやその家族の肖像画のコピーが壁に並べられている。

そして私はまだサンニキで、藁で作られたシャンデリア、カラフルな切り紙、薄紙の花——民芸作家たちの作品——を見た。そして自分の家にもこんな薄紙の花を持ち帰ったほどだ。これは昔からの伝統工芸品で、かつてショパンがサンニキに行ったときにも、やはり村娘たちがこんな花を作っていた。

だからこんな薄紙の薔薇、葵、牡丹、ダリアの花をみていると、ショパンがサンニキに滞在していたとき、やはりこうしたカラフルな花があったのではないかと推測するのだ。

第9章　研修旅行

研修旅行

サンニキから帰った後、ショパンはヴォイチェホフスキに書いている。

「今、曲を作ってもいるんですが、まるで気狂いです。なにが自分に起きているのかわかりません。今日ベルリンに立ちます」

家族はもうだいぶ前からフレデリックを外国へ行かせたいと考えていた。研修旅行——何度もそうミコワイ氏は注意深く息子の成長を見守りながら繰り返していたのに違いない、そしてこう付け加えた。

「彼にとって今、必要不可欠なのは外国を見ることだ。特にドイツ、イタリア、フランスで、よい手本を見て、自分のものとするために」

彼がこの3つの国を列挙したのは偶然ではない。フランスと口にしながら絶対にパリのことを念頭に思い浮かべていたのに違いない。この首都はヨーロッパの文化の中心だからだ。イタリア。これは何をおいてもイタリアオペラである。ドイツはバッハとベートーヴェンの祖国である。

それで、ミコワイ氏の知り合いのヤロツキ教授が動物学会のためベルリンに行く機会をとらえて、彼の庇護のもとにフレデリックを送ることにした。

ベルリン

「何もしていない、ただ劇場めぐりをしています」――ショパンはベルリンから両親にそう手紙を書いている。「劇場めぐり」をしたことで、同時にいくつかの上演演目と音楽作品を知ることになった。そしてその設備や清潔さに感嘆しながら町を見学して回った。図書館にも行き、手紙に、コシチュウシコの自筆の手紙があったと書いている。また新聞の音楽編集者や、何人かの著名な音楽家にも会った。しかしその誰とも親交を結ぶにはいたらなかった。なぜなら手紙に書いているように「（……）絶対に会話を交わしたりはしなかった、自己紹介する勇気がなかったから」だ。

ベルリンでの２週間の滞在の後、ヤロツキさんとポズナニにむかった。

スレフフ

途中スレフフの郵便停車場で馬を代えた。しかし困ったことに、馬がまだ到着していなくて待たなくてはならなかった。幸運にも待合室にはグランドピアノがあった。そしてこの郵便局で、コンサートをすることができたのである。それは、今日まで続いている。このことの証明に、師範学校には彼の名前がつけられ、ショパンの音楽の恩恵をふんだんに受けた感謝をこめスレフフの住人によって記念碑が建てられているのである。ただ残念なことに彼の演奏したその場所はもう撤去され、現存してはいない。

ポズナニ

ポズナニではヤロツキ教授とショパンは、カトリック大司教に招かれ、彼のもてなしにあずかり昼食をとった。そしてまたアントニ・ラジヴィウ侯爵の招待で、コレギアツキ広場の宮殿で歓待された。ここではコンサートが催され、ショパンも参加して、ハイドンやベートーヴェンの作品を演奏した。ラジヴィウ侯爵はチェロで共演した。そしてコンサートの最後には、ショパンは即興演奏をした。

この即興演奏については多くのことに言及し、思い出さなくてはならない。なぜなら有名な画家のヘンリク・シミェラツキは何年も後で、ショパンがピアノを演奏し、お客がラジヴィウ宮殿の「白い間」で即興曲を聴いている様子を描いているからである。

今日、この宮殿の入口には、市役所により次のように書かれたプレートが掲げられている。

「1828年、この建物に於いて、フレデリック・ショパンが演奏した」

金文字で書かれたこの大理石のプレートは、それを証明する唯一のものではない。ポズナニはまだショパンを記憶に留めている。宮殿の横の公園には彼の記念像が立っているし、ポズナニ科学の友協会の所在地には記念メダル、旧市街の楽器博物館のショパンの間には、ショパンがアントニンのラジヴィウ公爵邸を訪れたときに弾いたグランドピアノがある。

そして私はポズナニでシェミラツキの絵――「白い間」でピアノをひくショパンの古い複製を見いだした。

第10章　音楽

音楽

雨の滴が降り始めてきた
風の囁き
――こんなにも長く君はいなかった
こんなにも長く

そしてもう君は風と共に去っていってしまう
雨と共に
雨と風の歌う
この音楽の中で

風は濡れ落葉をさらい
白樺の木の枝はすすり泣く
木の葉は秋には立ち去っていく

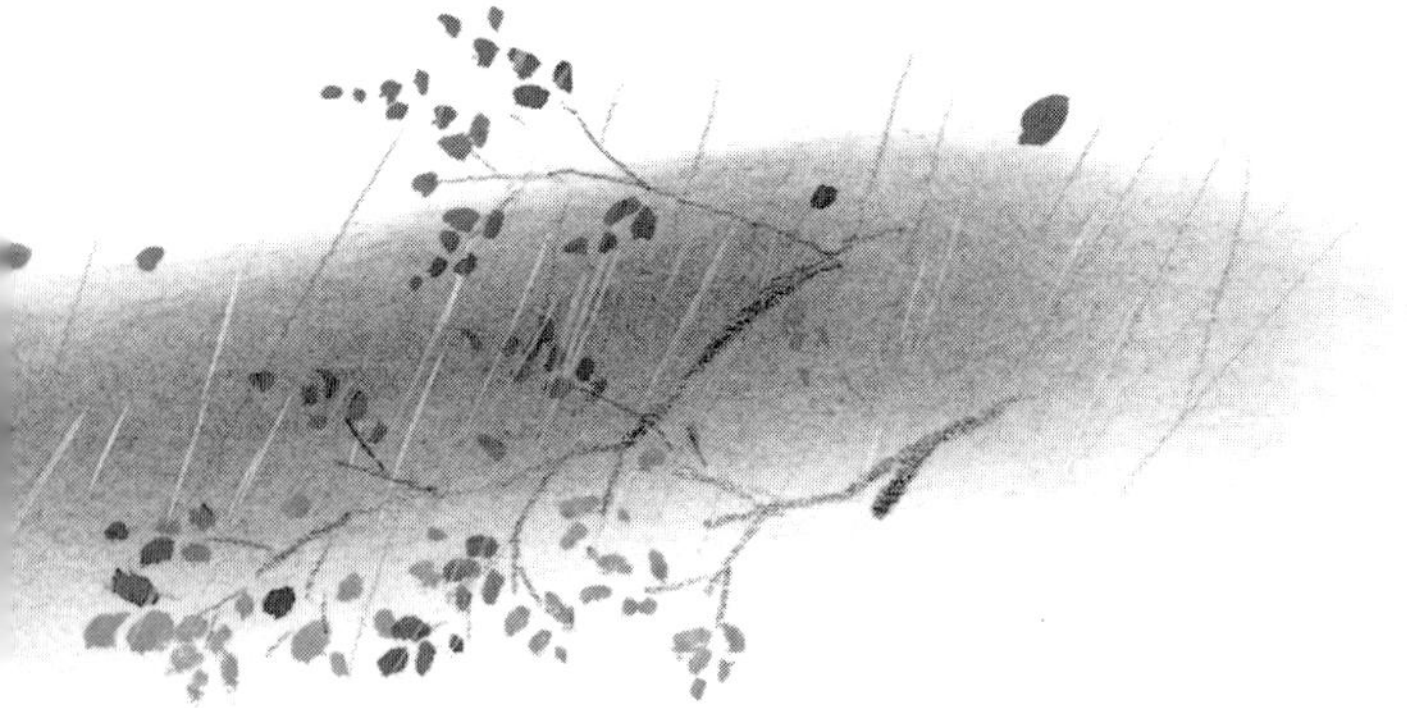

道すがら荷馬車が軋む

垣根の下の小さな鷚鳥の子
スカーフで顔を覆い
マズルカを口ずさむ
もし君が３グロシをあげるなら

７つの畦道を這いずりまわる恐怖
なぜなら　そこで何をするべきか？
旅籠屋の前で立ち止まり
草の茎と戯れる

そしてまだどこからか聞こえてくる
おくれてやってたコオロギの奏でる
濡れた草の中の
別れの歌

楽《がく》の音《ね》……

植物園

私はオストログフスキ宮殿といわれているフレデリック・ショパン協会の図書室に座りこんで、書物をひろげている。いつも何か新しい本をお願いするので図書係はもううんざりしている、なぜっていつも何か探したり、チェックしたり、見比べたりしているのだから。誤ちをおかさないよう、重大なディテイルを見落としたり、日付けを間違わないようにと。

〝1829年の5月17日——私はスカルベック伯爵の回想記から引写している。——(……)ワルシャワへ皇帝ニコライ一世がポーランドの王としての王冠を授かるべくやってきた。家々の窓や玄関口の飾りつけというのもほとんどなく、道は狭く人影もまばらだった。両側は軍隊にほとんど占拠されていて叫び声も少なかった。軍隊が道を塞いでいたからだ。司令官が大声でウラーと叫び声をあげていた。

5月21日——戴冠式が開催される。

5月23日――国立劇場において、ニコロ・パガニーニの出演が始まる
5月24日――ニコライ一世の即位〟

この二人のニコライは、というのはポーランド語ではニコロもニコライも両方ともミコワイと呼ばれているのだが――ショパンはただ一人のミコワイにのみ注目した。それで彼にとって、この期間の最も重大な出来事になったのであった。キリスト降誕劇の戴冠式ではなくこのことに関しては手紙の中で一語も触れてはいないが――当時すべての手紙が検閲されていたという事実を踏まえて、ショパンがポーランド王位を横領するロシヤの分割に思いを馳せなかったということはあり得なかったのではないか？ ――だから戴冠式のことではなく、ただ単にイタリアの天才的ヴァイオリニストの演奏のことの方に大きな印象を刻みつけられたように書いたのではなかったかと思われるのだ。

これについて、熱狂と賛嘆をもって、パガニーニの主題で変奏曲を作曲し、ヴァイオリニストの技能に賛嘆し、熟達の技術が必要とするピアノ練習曲、エチュードをも創作したのだ、と書いている。

「パガニーニはワルシャワで演奏会を十回開催し、第一回目は5月23日に行われ、最後は7月の19日であった（……）」

ウフ！　この日付、日付の連続にはこの私もいい加減疲れ果ててしまった。だから本は

一先ずお預けにしておくことにして書くことからも離れ、どこかの庭園に行ってみようか？おそらくショパンも一番これが好きだったのではないかと思われるから。

植物園は私の家からすぐ目と鼻の先だ。ショパンもやはり植物園の近くに住んでいた。なぜなら植物園は大学の裏手にあり、そしてヴィスワ川の土手を下に降りて行ったところにあるからだ。オストログスキ宮殿からはタムカの上の橋を通って行き、それから少しヴィスワ川の土手を歩けば、もうこの昔からの植物園に辿りつくことができた。「植物園で」。当時そのように云われていた。

「僕の植物園――とショパンは１８２６年、ヤシ・ビャウォブウォツキに書いている――（……）管理委員会は植物園を特にきちんと整備するよう命じていた。かつて泉のそばで美味しく食べていた人参、カナッペ、サラダ、キャベツ、東屋、そしてあのいやな匂いさえ今はもう感じることもない、しかし花壇はイギリス風（ア・ラ・アングレイズ）である。」

「美しい夏の初め、植物園のアカシヤの並木道を走った時、数人の若い娘達（……）彼女達の後からショパンがやってきた。彼らはベンチに座った（……）声高に話し合っている声、そしてそっと呟く声、それから何か言い争う声、からかったり、冗談を言い合ったり、そして笑い声が聞こえてきた（……）」

僕はフレデリックが、一人の少女と二人だけで歩いているのを見た。僕は彼に奇妙な虫や、黄金虫を見せた。少女には摘み取ったばかりの新鮮な花を贈った。フレデリックは優しい笑いを浮かべポケットからとりだしたキャラメルを僕に手渡してくれた。

ある日、植物園に謹厳な教授が姿を現した。それはフレデリックの父親で、私を見かけると、いつもの決めつけるような調子の鼻にかかったトーンの声で、外国人には難しい奇妙なアクセントのaとeの発音で次のように言った。

——私の息子のフレデリックはここにきていませんか？

そのいつもの彼の取り繕った表情を見て、つい嘘をついてしまった。

——いいえ、いいえ、僕はフレデリックさんを見掛けませんでしたよ。

——しかし彼はここにきていたのでは？

父親は厳しい目付きで僕の目をじっと見つめながら云った。

——いいえ、見かけませんでした

自分のうろたえを隠すために短く答えた。嘘をついたので顔にそれが出てしまっているのを感じて、僕はそれをとりつくろうためにボール遊びを始めた。

フレデリックの父親はしばらく立ち止まっていたが、目をしばたかせ地面を杖でコツコツと叩くとたち去って行った。絶対に彼がもうここには戻ってこないという確信できる段階になってからなにがあったか告げるために、僕はフレデリックの所へ走って行った。ショパンはアカシヤの道のベンチに少女達と座っていた。お父様が君のことを探していたよと言うと、彼は震えだし赤くなり、僕の方に顔を向けながら、

――よくやったよ、ゲニゥー、

そう言うと僕の顔をなでながらキャラメルを一摑みとりだし、

――よくやったよ、

と繰り返した。」

私達はそのアカシヤの大通りでショパンが会っていた少女の名前がなんというのか知らない。エウゲニウシュ・スクロツキ――大学教授の息子、彼がわれわれに、この出来事を書き残している――彼はカジミエシ宮殿には当時、数百人の人が住んでいたのですべての人と知り合うことはできなかった、と書いている。しかし、すぐに「その少女が彼の初恋人だった」とつけ加えている。

この最初の愛の感情というものはアカシヤの並木道に花咲くアカシヤの花や、まだ幼かったエウゲニウシュが少女に与えた小さな花や、ショパンが気前よく彼に与えたキャラメルの味のようにはかないものであったのに違いない。

なぜなら１８２９年の春になってようやく彼は本当の恋に落ちたのだから。そしてアカ

シヤの並木道のベンチで——スクロツキが書いているように——「ショパンの手によるものかどうかわからないのだが、詩に鉛筆でアンダーラインが引かれていて、一度彼の所に行った時、刺で囲んだ二つのハートがナイフで彫られているのを目にしたのです。」

ワルツ

アカシヤの並木道で——
矢がハートを射抜く
ベンチの手すりで
イニシアルの二文字

もう抑えることができなくなって
木の葉をひきちぎり
その小さな木の葉で占う

——愛してる、好き、尊敬している

欲しくない、気にしない、ふざけているだけ……
きっとよくなる、それとももっと悪くなる？

覚えている、それとも想っている？
夜　夢を見るの？
夢の中でダンスを踊る？

昨日、彼女は通りで
遠くから微笑みかけてきた
美しい目で
優しく微笑んだ

白いワンピースを着ていた
風がひだ飾りを揺らす
そして風と戯れ踊る
リボンは青みがかった薔薇色

アカシヤの小さな葉っぱ
指の下から逃げて行く
すべてをこんな風に揺らす
このワルツの中でくるくる回る

アカシヤの並木道
ハートがはり裂ける
そして薔薇色の小さなリボン
そして組み合わされた二つの文字

コンスタンツィア

そうなんです、ミコワイ氏は自分の一人息子をずっと見張っていたわけではなかった。しかし息子の方は自分のパパのことをずっと気にしていたのがうかがわれる。もう何年にもわたって、そんな自分の感情をかくし続けていたとはいえ。親友にさえこのことをもらしはしなかった。半年後にティトゥシュ・ヴォイチェホフスキを訪れて、やっと理想の女性に出会ったと、この重大な秘密を打ち明けていた。

しかし女性の名前を口にすることはなかった。万が一、ティトゥシュが喋ってしまってその噂がパパ・ミコワイに届かないように。大変に秘密めいてこのことを手紙に書いている。

「なぜならこのことは不幸なことかも知れないのだが、もう半年もの間、だれにもいわずに、僕の理想とする人に真心を捧げ、夢に見、その思いが今朝閃き、今これから君に送ろうとしている僕の協奏曲のアダージョのワルツとなった。+印のところを注意してくれたまえ。このことは君以外、だれも知らないことなのだから。」

もはやこの+印がなにを意味するのか、だれにもわからない。ティトゥシュは控えめにこのことを明かしている。そしてショパンにとって、こんな親友がワルシャワにはいなかったのである。なぜならこの同じ手紙で次のように書いているのだから。

「しかし朝、だれかのもとを訪ねて、この寂しさや嬉しさをわかちあえないというのはどんなに残念なことだろうか、なにか心に重くのしかかっていることを、どこかにおくことができないということは、なんと耐えがたいことだろうか。君にはこのほのめかしがわかるだろう。君に話したいと思うことを、僕は一度ならずピアノに向かって話しかけているんだ」

だからショパンはピアノとお喋りし、音楽でのみ自分の思いのたけを語れたのだ。協奏曲へ短調、そして次の――協奏曲ホ短調の最初のアダージョのように――これについてティトゥシュに次のように書いている。

「この部分は強く弾くべきではない、よりロマンチックで、穏やかで、メランコリックで、思いが何千という愛しい思い出に変わる場所をみる優しい視線を、はっきりと表さなくてはならない。――これは春の美しい時、なにか月の光を浴びながら物思いに耽るような、そんな感じのものである。」

そしてふたたび「植物園」のベンチが思い出される。アカシヤの並木道、彫刻刀で刻まれた頭文字……

この女性の名前はコンスタンツィア・グワトコフスカ。サファイア色の目の細っそりとした金髪娘。彼女はコンセルヴァトワールに通う音楽学生であった、声楽を習っていて、確実に一度ならず植物園のこのベンチに〝早春に〟肩を並べて座ったことがあったのに違いない。

この〝早春に〟とはなんと美しい言葉だろうか！〝春に〟ではなく〝早春に〟なのである。たんに〝春に〟だったら、眠いとか、あくびのでるとか、夢うつつというようなことなのだが、〝早春に〟というのは、命のようにたった今、芽生えたばかりの緑、それは早春に芽吹くアカシヤの若葉のようなものなのである。この庭園の中での逢い引き、月の光に導かれての散歩、それは1829年のことではなく、1830年のことである。18 29年、ショパン自身がそのことを書いているように、自分の理想の女性だということを、まだ彼女に打ち明けてはいなかった。ただ遠くの方から見ては溜め息をつき、コンセルヴァトワールから出てくるところをたまたま見掛け、たとえ一瞬でもいいからその目に収めていたかったのだ。非常に熱心にベルナルデイン教会に通ったのに違いない、なぜならコンタンツィア嬢は合唱団の一員としてそこで歌っていたのだから。

しかしおそらく若き日のショパンは、自分の中での理想の人というものを理想化し過ぎてしまっていたのではないか。グワトコフスカ嬢は彼の思慕をそう真剣には受け取ってはいなかったのだから。

後年ショパンが名声を馳すようになり、彼のプライバシーがすべて公になった時、彼女は驚きとともに次のように述べている。

――それで彼は私のことをそんなに愛していたっていうの？

そして彼女はきっとこの早春の日のことを思い出して次のように思ったのに違いない。

――私も彼のことを好ましく思っていたし、彼も私を気に入っていた、とっても感じがいい人だったし、魅力があったのですもの。あんなにも美しく、あんなにもロマンティックに私にいろいろなことを話してくれた。それになんと才能豊かな人だったのでしょう！新聞がすべての人が彼を褒めたたえ、賛嘆したと書きたてました。とても喜んでそれを見せてくれました。

しかし、ショパンはグワトコフスカ嬢をいわゆる社交の場では、劇場とかコンセルヴァトワールの親友達にだけしか会わせなかったのだと思う。彼の訪れていた宮殿やサロンにグワトコフスカを招くということはなかったのだから。そして自分の家にも連れてこようともしなかったのではないか、なぜならミコワイ氏はおそらくこう言ったのに違いないから。

――一番重要なことはお前の将来と仕事なのだから。そして芸術家として享受できるものについてだけ考えなくてはならない。

そしてそっとユスティナ夫人に、こうささやいたのに違いない。

――フレデリックには、些細なことで頭を悩ますようなことのないような娘さんがいいね！と。

第11章　大旅行

大旅行

1829年4月。ミコワイ氏は教育省に息子のために奨学金を貰うべく次のような申請書を書いている。

「（……）外国、特に模範となるドイツ、イタリア、フランスを自分の目で見て、十分な教養を身につけさせるために」

奨学金は承認されなかったのだが、彼は自費で息子をウイーンに送ることを決断したのだった。「大旅行」はその年の終わりから開始された。フレデリックは何人かの友人達と旅立ったが、その道すがら一週間ほど、クラクフに滞在した。

クラクフ

「最初の一週間、先ず僕達はクラクフの街を散策し、そしてその周辺を歩きまわった」――ヴォイチェホフスキに宛、彼はそう書いている。「クラクフが僕の心を大きく捉えてしまったので、家のことはあまり思い出さないでいられる。それで君にこうやって手紙を書くこともできるんだよ」

ショパンはクラクフでの見聞を書き留めてはいない。おそらくノートをとる時間はなかったのであろう。ただわれわれには、彼らがヤギェウォ大学の図書館に立ち寄ったのがわかっている。記帳簿に彼の署名が残されているからである。だからきっと古い楽譜の原稿なども見ただろう――彼は常にそういったものに関心を寄せていたのだから――また非常に価値のある歴史的遺産としての図書館、15世紀のバルタジャ・ベーマの挿絵の見事な古写本、そして最古の遺産といえるポーランドの文献――10世紀に設立され、14世紀に文書化された――ボグロウジツの歌の歌詞。図書館を訪れたからには、ヤギェウォ大学にも確実に立ち寄ったのに違いない。カジミェシ大王により制定され、ヤギエロンにより改築された由緒ある大学である。そしてスキェニツァ（織物館）やマリア教会――*ヴィト・ストフォシュによって菩提樹の木に彫刻のほどこされたその素晴らしい祭壇、フロリアンスカ門やバルバカンも訪れたに違いない。

そして勿論、ヴァヴェルも。中庭に神秘的なアーケードを持つヴァヴェルの王宮。寺院、ポーランド最大の「ジグムントの鐘」のあるジグムントの礼拝堂や、歴代の王の墓、国民的英雄であるタデウシ・コシチュウシコ、ユゼフ・ポニァトフスキ侯爵の墓も見たのに違いない。

コシチュウシコの亡骸は1818年に、ヴァヴェル城に運びこまれた。そして丘――いつコシチュウシコの丘はクラクフに築かれたのだろうか？　そう、この同じ年にであった。だからこの丘も絶対に見たはずである。

＊（1448―1533〈推定〉）ドイツの画家、彫刻家、イラストレーター。シュトゥットガルトに生まれ、ベルリンに死す。

ヴィエリチカ

クラクフからヴィエリチカまでそう遠くはない。13キロの地点にある。ここもショパンは訪れている。岩塩博物館、記帳簿に塩鉱を訪れた時の彼の署名があるので、われわれはそれを見ることができる。[＊(1)]

――われわれの塩鉱は――ガイドさんはきっとこう云っただろう――11世紀からすでに有名でした。この塩鉱を歴代の王、学者、またここにはコペルニクもスタシッツも訪れたのです。彼らはこの塩の洞窟、塩の塊に刻まれた彫刻、礼拝堂に驚嘆しました。この一つ目の礼拝堂は、聖アントニの礼拝堂で、17世紀の塩鉱夫の作品です。そして二つ目の祭壇と塩の彫像は、キンガ王の礼拝堂です。伝説によると、このハンガリーの王女がポーランドへボレスワフ・フスティドリヴィの妻になるべくやってきた時、持参金としてこの塩鉱*(2)を持ちこんだのです。彼女がハンガリーの大地に投げ捨てた指輪は、後にヴィェリチカで発見されたということですから、きっとそういうことだったのでしょう、と。

*(1) 13世紀より開鉱している、クラクフにある塩鉱。17世紀より、地下に礼拝堂があることでも有名。アレルギーの療養施設、観光施設なども完備されている。

*(2) （1228―1279）ハンガリーの王の娘をめとる。

オイツフ

オイツフまでのピクニックについて――これもクラクフからそう遠くはない。たったの22キロメートル程度である――ショパンは次のように書いている。

「日曜日の昼食後、*(1)4タラールでクラクフの四頭馬車を調達し、それでパレードをしたのです。クラクフの美しい街やその周辺を見た後、御者にオイツフへ直行するようにと命じました。前から農夫のインディクさんという人がそこに住んでいるのだときいていたのです。誰もがここを定宿にすることにほぼ決まっていて、*(2)タンスカ嬢も泊まっていたのです。生憎インディクさんのペンションはオイツフから更に一マイルも遠い向こうだったことが、この期に及んでわかったのですが、おまけにこの御者さんときたことには、この辺の道に全く不案内で、ブロンドニック渓谷の谷間に馬車ごと突っ込んでしまったのです。小さな川で、むしろすき通った水の流れといった方がいいようなものだったのですが、別の道を見つけることなど、到底できはしなかったのです。なぜなら右も左も岩また岩ばかりだったのですから。やっとこさっとこ九時位になって、手持ち不沙汰の、暇をもてあましているような風来坊の二人連れに出会いました。彼らは哀れみ深く僕たちを見ると、インディクさんの所まで連れて行ってくれました。僕たちは、露がおりてツルツルした岩や石の道をたっぷり半マイル程も歩いて行かなくてはなりませんでした。川を渡る丸太ん棒のような物がしばしば必要になりました。真っ暗やみの夜中のことでした。数々の困難の末、ようやくインディクさんのペンションへとたどり着くことができました。こんなに遅くやってくる客など彼には思いもよらないことだったのです。それでも旅行者のために作られてある岩の下の小部屋を提供してくれました。イザベラよ！　……なんとそこにはインスカさんが立っていたのです！　僕たちはそれぞれ服を脱ぎ、親切なインディクのおかみさんがくべてくれた壁暖炉の火で、濡れてしまった衣服をそれぞれ乾かしたのです。ただ僕は、膝まで濡れたまま隅に座り込んで、おかみさんが近くの物置部屋にシーツをとりにやってくるのを見届けるまで、服を全部脱いで乾かすしかないかと考えていました。胸をときめかせて僕は彼女についてゆき、そこにたくさんのウール地の小さなクラクフ帽があるのを目にしました。帽子は二重になっていてナイトキャップのように見えました。切羽詰まった気持ちだったので一ズオティで一つ買い求め、二つに引きさいて靴を脱ぐと足を紐でしっかり結びつけ、この方法で風邪にかかることからなんとかまぬがれることができたのでした。壁暖炉に近づいてみんなでワインを飲み気心の知れた友人達と心ゆくまで談笑しました。そうこうするうちに、おかみさんが僕たちを地下室に連れていってくれ、そこでみんなぐっすりと眠りにつくことができました（……）」

なんとこと細かに書かれていることだろうか！　なんとすべてをよく観察していることだろうか！　ずぶ濡れのブロンドニック渓谷越えのこと、インディクさんのペンションのこと、ウールのクラクフ帽をソックスがわりに紐でくくりつけるなんて……

そしてタンスカさん——これはタンスカ・ホフマノーヴァ・クレメンティナという著名な少女小説作家であり（イザベラ宛への感嘆符がつけられているのはそこからきている訳であるが）、「子供向けの面白ブック」の編集者でもある彼女の回想記にこのオイツフとプロンドニック渓谷の描写があるのである。

ショパンもまた非常に正確に手紙にすべてを書いている。残念ながらこの著述は現在見ることができない。手紙は一部破損してしまっているのだ。ただわれわれは、彼らが洞窟を見に行ったことを知っている。プロンドニック渓谷は素晴らしい形をした石灰岩の岩山と谷間の間を流れている。岩の中には約五十の洞窟がある。そしてその中には有名なウォキェテックの岩窟がある。その洞窟に戦時下*(3)ウォキェテック王はチェコ人達と身を潜めていたのである。

今はこの洞窟に、コウモリが隠れ住んでいて、オイツフ国立公園を訪れる観光客を襲撃しては驚かせているのである。

*(1)ドイツの旧銀貨。
*(2)タンスカ・ホフマノヴァ・クレメンティナ（１７９８—１８４５）。作家、教育者、ポーランド児童文学の創始者。
*(3)ヴワジスワフ・ウォキェテック一世（１２６０—１３３３）。在位１３２０—１３３３。

ピェスコヴァ岩山

プロンドニック渓谷の上方には——カジミェシ王によって建立された——ピェスコヴァ岩山のお城がある。そして城は実質的に岩の上に建っている。なぜなら岩山の上にそれは建てられていて、切り立つ岸壁はプロンドニック川へと降りて行く。ここにもまたショパンはやってきているのである。

現在、城の中に博物館があり、ピェスコヴァ岩山の歴史の描かれた作品が展示されている。そしてたとえ手もとに旅行者用のガイドブックがないとしても、そこにはやはりショパンの名前があげられているると私は思うのである。事実、彼はここを訪れているのであり、ピェスコヴァ岩山の歴史に寄与しているのである。

ウイーン

7月31日、ショパンはもうウイーンにやってきていたのである。

「クラクフからは乗合馬車より四頭の郵便馬車の方がよい。ビルスクまでガリチヤ地方の美しい景観。それから上部シロンスク、そしてモラヴィアへとより楽しい旅行を僕等は続けています。ただ雨は夜時々、降ってくれるので、chosse からの不愉快な塵芥からわれわれを守ってくれています。」

フランス語の shosse はポーランド語の szosa（本道、大通り）のことである。そしてドイツ語の separatwagen ――は特別の賃貸、郵便の速配――。特別郵便 Eksturspoczta ――これは機関車での交通手段を意味している。

だから彼等はガリチヤを通ってビルスクへ向かった。すなわちビェルスカービヤワ、そしてそこから一路ウイーンへ。

ウイーンについて、ショパンは、――打ちのめされ、夢中にさせられ、フラフラになった、と書いている。そんなにも多くの印象、こんなにも多くの新しい知識！ そして一番大事なことはついに初めて外国でのコンサート！ 彼は「クラコヴィアックのロンド」を演奏した。そしてモーツァルトのヴァリエーションで聴衆と批評家から非常な好評を得ている。

そして即興曲として、ポーランドの慣習に基づいた「ホップの歌」、この詩は村の婚礼で歌われるものである。

竿で
生娘を奪ってしまわないように
オイ、ホップ、オイ、哀れなわかもの！
ホラ下、ホラ上
哀れなホップ

――観衆はとてもこの歌が気に入ってしまい――椅子から跳び上がらんばかりに喜んだ

のだった。

プラハ

ウイーンの次に訪れたのはプラハだった。そこでチェコスロヴァキヤの愛国者、プラハの国立博物館の修復専門家のヴァツラフ・ハンカ*を訪ねた。そして彼のマズルのアルバムに――ショパンと共に旅行したイグナツィ・マチェヨフスキと共に一文をよせている。「マズル」は次のように始まっている。

「いかなる花束を、いかなる花冠を
ハンカに編みて捧げん
兄弟国の民衆の歌を
忘却の淵より救いだせし
これぞポーランドの草原の歌
われらの掌から受けよ
これは世界にも知られたものなのだから

チェコはもういにしえの昔からレフの兄弟なのだから」

プラハへの訪問後――ガイドは勿論ハンカであった。そしてショパンはプラハを殊の外、気に入ったのであった――彼等はその他にもテプリツとドレズノを訪れた。そしてその後――ヴロツワフ並びにカリシュを通ってワルシャワへの帰路についた。

＊（1791年～1861年）。チェコの言語学者。プラハ大学教授。スラブ諸国の専門家で、チェコ語、ポーランド語、ロシア語の文法書を著した。多くのポーランド人の学者と交流があった。

第12章　語り合い

アントニン

ミコワイ氏は息子の将来を案じながら、きっとこんな風に考えたのに違いない。
——才能、これがすべてではない。フレデリックには彼の芸術的キャリアを援助し世界へ羽ばたいていけるようなパトロンが必要だ。一番いいのは、貴族で外国と結びつきのある裕福な人物で、きちんと物事に対応できる、しかも音楽を知っている人。例えばラジヴィウ侯爵？

初めてラジヴィウ侯爵をショパンが訪問したのは、ポズナニの彼の宮殿でピアノ・コンサートを開き、その時には侯爵とチェロで合奏した。一年後にはアントニンにある侯爵のレジデンスに招待された。

アントニンは侯爵の名前からとられ、ポズナニ—カトヴィツェの街道沿いにある、ヴィエルコポルスキ・オストルフからさほど遠くない場所にある。林の中の美しい小さな湖のほとりにある。林は年輪を重ねた樫やシデの群れ繁る公園に隣接していて、その公園が宮殿を囲む形になっている。宮殿は「狩人の家」と名付けられている、なぜならその一帯の林にはかつて動物がたくさん棲息し、ラジヴィウ時代には大狩猟が行われていたのだ。

宮殿そのものは、大富豪の居住地にふさわしく壮大なものであった。十字架の形に建築されていて、三つの階は四つの翼（肩）を持っている、そしてその中央の部分は櫓の形をとっていて、より高い四階へと導かれる。ひじょうに独創的な建造物であった。

そして内部は一層風変わりだ。塔の中は一つの大きな八角形のホールになっていて、太い柱に支えられている。ホールは面積２００平方メートルあり、そして柱は同時に煙突になっている。なぜなら階下には二つの炉床（焚口）があるからだ。いまだかつてこんなものを見たことがない！　加えて柱からは鹿の角がニョキニョキ突き出しているではないか！

オエイ、狩人は私にこう云っているようだ。

――角のことは云うんじゃない、花環や枝角のことを云っておくれ。それですべての狩人さんと狩人宮殿さん、ごめんなさい、私はこの角にひきつけられているのです。そして殺されてしまった鹿さんには、もっともっとごめんなさい。とっても残念なことに思っています。彼等は林にやってきて、それでそこにやってきた狩人がバン！バン！とやってしまったのですから――

鹿は花環をつけられラジヴィウ宮殿の煙突に飾られている。そして考えても見て。ショパンは彼のアントニン滞在中、毎日この煙突を見なくてはならなかったのだ！　彼はゲストルームの一つに泊まり、ホールの柱の回りをめぐっているギャラリーを通ってその中に入って行ったわけだが、これらの煙突は宮殿の両脇の2階と3階に取り付けられてあるのだから。

侯爵の居間、彼の妻と娘たち——エリザとワンダは階下の居間に寝起きしていた。その中の一つは、音楽サロンになっていて、その中にはレジェンド的グランドピアノが置かれている。しかしショパンが弾いたものではない。彼の弾いたそれは、今、ポズナニの楽器博物館にある。そしてサロンにはまだ古い調度品や、肖像画、ショパンを描いたデッサン画がある。

「君は、僕の肖像画を欲しがっていたね——公女の一人、エリザから盗むことができたら、それを君に送ることにするよ、彼女は二回僕のポートレートを記念アルバムに描いたんだけれど、どんなによく似ているかっていう噂でもちきりだったんだからね」

ショパンは、ティトゥシュ・ヴォイチェホフスキへの手紙にそう書いている。

まさにこれが音楽ホールの壁にかかっている公女の記念アルバムの二つの鉛筆画のコピーである。デッサンの一つはピアノを弾いているショパンである。ここで頻繁にピアノを弾いていたからだ。ポロネーズを作曲し、侯爵とコンサートを開き、公女ワンダにどうやって弾くか「指で示した」のである。

ラジヴィウでの滞在については次のように書いている。

「あそこには一週間いたが、どんなに健康によかったか君には信じられないだろうよ。最終の郵便馬車で帰ってきたところで、何とか理由をつけてもっといたかったのだが、うまくいかなかった。僕の気の赴くままにさせてもらったなら、追い出されるまでいただろうが、僕の個人的都合で、仕方なくこの楽園を後にしたんだよ。ここには二人のエヴァがいて、妹の公爵令嬢は、とても礼儀正しく、善良で実によい音楽的感性を持っている。姉は、人間の価値というものは、生まれで決まるものではないことを自覚しておられ、とても優雅に振る舞われるので、彼女を好きになるなといっても無理な話なのだ。侯爵が、いいかい、どんなにか音楽が好きかわかるだろう。（……）

彼にポーランド風のチェロ曲を書いたよ。閃き以外何ものでもない、サロン風の。いいかい、公爵令嬢ワンダに教えたいってずっと願っていたんだ。――彼女に今、この時間、教えることができたらね。若くて、まだ17歳、――美しい、可愛い指を鍵盤にのせてあげられたら。冗談はさておき非常に豊かな音楽的感性を持っている、だからここはクレシェンド、ここはピアノ、そしてこれはより早く、ここはゆっくりなんて言葉を挟む必要なんか全くないんだ。」

公爵令嬢エリザの肖像画、このアントニンの楽園のこの二人の中の一人、エヴァのは、音楽サロンにかかっている。そして私は「指を鍵盤にのせる」と言ったショパンの肖像画に思いを馳せている。公爵令嬢ワンダの肖像画はどこにも保存されてはいないのか？
　そしてこの二つの絵から、彼女たちがショパンに別れを告げた時、彼が白い手袋の手をふりながら最後の郵便馬車が立ち去るのをどのように窓から見送ったかを想像してみる。

——アディユー《さらば！》！　アディユー《さらば！》！

そしてどんな風に、去って行った人のことを話し合ったのか。

語り合い

行ってしまったわ……
——何て残念なこと！
たったの一週間だけ遊んで行ったのね
——彼がいないと退屈することでしょうね
——そうに決まっているわ、秋も去ってしまう

――夜がどんどん長くなってゆく
ずい分早く夕方になってしまうのね……
――彼はここに少なくとも
秋の終わりまでいられたはずだわ
毎日、パパと一緒に弾くことができたわ
そして私にレッスンすることもね
そしてその後で私達と一緒に謝肉祭に
行くことができたのにね
ベルリンでの舞踏会にだって
ダンスやパーティにだって
――何がそんなに彼をひきつけてるというのかしら、
家に、ワルシャワに?
――協奏曲を書いているんだ、と云っていたわ
――いつも、いつも楽譜のことを考えているのね
ここに残って下さいってお願いしたのよ
ここでだって書けるでしょう、と

彼は微笑んでいた……

――何か云った？

ただこう云っただけだわ

「もう時間だ、行かなくちゃ、

僕はどこでもこんな風に――ただほんの一瞬いるだけなんだ……」

協奏曲へ短調

それで彼は急いでワルシャワへ戻っていった、協奏曲へ短調を書きあげるために。初めてオーケストラと共演する大きなピアノ協奏曲である。あー、何と大変な手間であることか！　なぜなら、作曲というのは単に音楽のテーマについて考えるだけでなく、それに作品の細部を結び付け、さらにすべて五線紙の上に音符を書き付けなければならないのだから、なおかつ、ピアノだけでなく、他の楽器についてもすべて書き込んでいかなくてはならないのだから。

何千ものオタマジャクシ、何百枚にも及ぶ五線紙。どのくらいの辛さ、苦しさ、どの位の時間、蠟燭の光のもとで、刻苦精励の幾星霜。かてて加えて一体何本の鵞鳥ペン！　もし失敗してしまったら――紙が千切れてしまったりしたら、またすべて新しく最初から書きなおさなくてはならない。

そして第一番を書いている間に、もう第二番の構想は頭の中でムクムクと発酵していたのだ……

さて、さて――先ず第一番からかたづけなくてはならない、先ず総譜スコアを指揮者に渡し、オーケストラとリハーサルをし、友人達を招かなくてはならない。

気に入ってくれたかどうか、かれらの評価をきき、意見に耳を傾ける。なぜなら、彼らに気に入ってもらわなければ、協奏曲を演奏する価値があるかどうか、わからないのだから。引き出しにしまっておいた方がいいかも知れないって？

恐れるには足りぬ。数日後にリハーサル、それは括弧付きでの「開催」なのであるが、両親の家でそのコンサートは上演されたのだ――どんなに窮屈だったか、想像してもみてください！――コンサートについて新聞は次のように書いている。

「これは多くの新しい構想を持った作品で非常に美しい、新鮮な作品である。」

「年老いた彼の教師ジヴニは感動にむせびながら聴衆の一人になっていた。エルスネルは自分の弟子の協奏曲を耳にした時、ただ賛嘆の言葉だけを声にしていた。」

「最も、うるさ型の所見を述べさせてもらいましょう。若いショパンは、あらゆるピアニストの中でもとび切りのスーパースターである。彼はピアノのパガニーニである（……）」

この最後のコメントはショパンを有頂天にしたのに違いない。

最初のコンサートは1830年3月17日に国立劇場で開催された。開催の三日前にはすでにもう切符は完売していた、そしてコンサートの評判は、特に公衆の願いによりもう一度数日後に、再演された程、熱狂的なものであった。

その中の一つは、――何とよいことに、図書館に古い新聞は保存されていたのだ！――私はその中から注目に値する批評を見いだした。

「われわれは公正な意味に於いて、ポーランドがヨーロッパ最大の演奏家と作曲家の一人を世界に誇る日がくることを祝福することになるだろう。」

ショパンの名声がヨーロッパのみならず、世界的なものとなるであろうことを――ワルシャワの批評家はまだ見抜くことはできなかったのである。

喫茶店

国立劇場でのコンサートの後、ショパンはヴォイチェホフスキに次のような手紙を書いている。

「僕の音楽についてどんな意見が交わされているか聴きたいので、僕は『シンデレラ』にいたいんだ。」

ショパンが自分の音楽について人々に何と云われているか聴きたがっているということに何の不思議もない。『シンデレラ』という名前の喫茶店は、国立劇場脇のドウガ通りにあり、そこには彼にとって必要な意見を言ってくれる——劇場人が集まってきていた。音楽家、俳優、文学者。ブロジンスキ*(1)が現れ、エルスネル*(2)も立ち寄った。コーヒー茶碗の傍で、最新のニュースや所感を分け合い、討論が行われていた。

喫茶店のテーブルでショパンについて話されたことは、新聞のトーンとそうかけ離れたものではなかったと思う。だから音楽家たちは、観衆がどのように、熱くショパンを受け入れたかを話したであろう。そしてどれくらい切符売場に金が入ったかも、秘かに話し合われたのに違いない。ブロジンスキはショパンの音楽が外国の鋳型にはめこんだものでなく、非常にポーランド的であったことを格別に喜んだ。

——そしてあの音楽の中には詩がある……この楽譜の中には豊かな詩がある——とエルスネルに囁いたのに違いない。

そしてエルスネルはただ頷いているだけだった、なぜなら感動で一言も声を発することなどできはしなかったに違いない。

ショパンはティトゥシュへの手紙の中でただ一つの喫茶店についてのみ触れている――この『シンデレラ』のことである。そして他の喫茶店についてはどのようにいっているのか？　彼の訪れた他の喫茶店――「ブジェジンスカ」や「穴蔵」のことを？

「ブジェジンスカ」――それは今の「テリメナ」のある場所にあった。コージャとクラクフ郊外通りの交差する角にそれはある。現在、勿論その喫茶店は全く違う外観を呈している。1階と2階からなっていて、夏は通りに面して一寸したガーデン風のカフェ・テラスになっている。

当時はビュッフェになっている1階で、そこの壁暖炉でコーヒーを沸かしていた。空き席を見つけるのはとても困難であった。喫茶店は朝七時からもう満席だったのだから。早朝にもう大学生たちが朝食に立ち寄っていて、午後にはジャナーリストや文学者がコーヒーを飲みながら静かに最新の国内や海外の新聞に目を通し、また話し合いたいとやってきていたからである。ショパンは非常にこの喫茶店を好んでいた。この「ブジェジンスカ」ではパイプをふかすのは禁じられていた。煙草の煙はショパンには耐えられないものであった。

三番目の喫茶店は「穴蔵」で、ミョドヴァ通り脇のテッペル宮の中にあった穴のように小さな喫茶店で、その入り口迄――階段で狭い扉まで降りていくのだが――とてもわかりにくく行き着くのが非常にむずかしい。現在、テッペル宮はもうなく、そこは大きな穴の上に欄干が立ち、東西を結ぶ幹線道路のトンネルになっている。

「穴蔵」は若者たちのお気に入りの喫茶店であった。そこにはまだ駆け出しの作家たち、評論家、詩人たちがやってきて、彼らは共通の愛国的理想のもとに連帯していた。常連の客にマウリツ・モフナツキ*(3)がいて、ショパンは彼の知性と博学に賛嘆の念を抱いていた。そしてそれに加えてモフナツキは音楽の専門家であり、才能あるピアニストでもあった。詩人たち――ミツキェヴィチの親友のアントニ・オドニェツ、ステファン・ヴィトヴィツキ、ボフダン・ザレスキ等もやってきた。

ショパンは一度ならず喫茶店のテーブルで、彼らと過ごした。夜の散歩にでて何時間でもお喋りに興じた。

ザレスキは後年、このショパンやモフナツキとの集まりのことを思い出しながら、ヴィトヴィツキに手紙を書いている。

「多分君は、ヴィスワの川辺の
われわれのことを覚えているだろう
暗闇の迫ってくる中で

歌を組み立てたものだ

ステファンよ、心沈む
ワルシャワの二人の音楽家
これら魅惑的な夜
ショピネックとマウリツィの（……）」

だから彼らはロマンチックな散歩に連れ立って行き、ワルシャワの親友たちとの終わることのない会話を楽しんでいたのだ、彼らとは毎日でも会うことができた。しかし一番の親友であるティトゥシュ・ヴォイチェホフスキは遠いポトゥジンに住んでいたのだ。

＊(1) 1791―1835年、詩人、批評家、文芸理論家、ワルシャワ大学教授。
＊(2) 作曲家であり、教師。
＊(3) 高名な批評家であり、ピアニスト。

ポトゥジン

ショパンが1829年から30年にかけてもっとも手紙を書いていた相手がティトゥシュ・ヴォイチェホフスキであった。もう何度もその手紙を引用しているが、今ようやくティトゥシュ、その人のことを書く時がきたようだ。まして、1830年の夏休みにショパンはポトゥジンのヴォイチェホフスキの家族の所有地で過ごしているのだ。

ミコワイ氏が少年のために寄宿舎を始めた時、その生徒の一人がまさにルブリン地方の富裕な地主の息子、ティトゥシュであった。

だから彼らは一つの屋根の下に住み、時々出会い、最初の一年はティトゥシュがかなり上から目線で小さなフリツェックを見下ろしていたのに違いない。彼は二才年上だが、この年頃の二才の差というのは非常に大きいものである。上級生がどんな風に下級生を見ていたか、どんなにいばっているかは周知の事実である。だからティトゥシュとも最初に知り合った頃はこんな具合だったのだろう。

しかし時に年の差はだんだんと気にならなくなりそれは友好関係へと自然に変わっていく。音楽が彼らを近づけた。ティトゥシュはジヴニの弟子でピアノをたしなみ、中学卒業後、農業を職業として選んだが、その後も、音楽には関心を持ち続けていたのである。そしてそれに精通していた。父の死後、その遺産を受け継ぎ、農場を経営していた。ショパンはすべての自分の作品をポトゥジンに送り、ティトゥシュに論評して貰っていた。

「作品を書いて、君が喜んでくれるのを知った時は嬉しい。」──彼は手紙に書いている。「どのコンサートのあらゆる新聞批評での称賛も君の所感にまさるものはない」

そしてだんだん泣き言を言うようになった。

「手紙の代わりに自分がそちらに出向けないのは何て残念なことだろう」

きっと仕事や、公演、社交的義務にもう疲れ果ててしまったのだろう、すべてこれらの騒ぎ、これらすべてから逃げ出して、理性的で真面目なティトゥシュのところに行ってしまいたくなっていたのだ。ポトゥジンに。

彼は7月の半ばにそこへ行った。それはとんでもない距離だった。およそ400キロもあった。この旅先でどこに泊まったのか、われわれは知る由もない。しかしチェルニアクを通りすぎながら──それはまだ当時、ワルシャワに属してはいなく、ただ村で──それでチェルニアク、ヴィラヌフ、カルヴァリアの山を通って、それからプワヴァ、ルブリン、ザモシチ、そしてヴィスワ川へと導かれていた。きっとブロジンスキの詩の初めの部分を考えて、それをとなえていたのではないか。それは当時すべての人が暗唱することができたものである。

「婚礼　時は5月

教会の寄進祭に僕はチェルニアクに行った（……）」

この小さな聖ボニファッツ教会は寄進祭の行われた所で、今日までチェルニァクに存在している。

そしてヴィラヌフでは彼はきっと学生時代の聖霊降臨節のピクニック、中学の友人たち、学長のリンデなどを思い出していたのに違いない。なぜならリンデ学長は遠足に生徒たちをこのヴィラヌフに連れて行ったのだ。彼らに宮殿を案内し、公園を散策した。平たい小石の敷きつめられた池で、「アヒル」を放してやり、一方、リンデ学長は彼らにソビエスキ王のためにかわうそを調教して、この池で魚をとっているのだと話してきかせた。それを王様に捧げたパセック氏はその回想録の中でそのすべてを書き記している、そしてカワウソはロバクと命名されていた。

ヴィラヌフの後ろにはカルヴァリアの山があった。マゾヴィエツキ公爵の城の廃墟とチェルスク、コジェニツカ原始林の林はヴィスワの岸沿い、ヴィスワの橋にまで達していた。そして橋の向こうはプワヴァであった。

そして多分、駅馬車はプワヴァで馬を変えるため一時停車し、馭者はショパンにこういったのだろう。

——旅行中、休憩をおとりなさいよ。それがいいですよ。ここにはどっさり見るところがありますからね。なぜってここには美しい宮殿と「シビリア神殿」がありますからね。チャルトリスカ侯爵夫人がここに建立するよう命じたものです。博物館も建てられました。ポーランドの有名人の記念品を集めた国内で最初のものです。そこにはコシチュシコのサーベルもありますし、ドンブロフスキ将軍の制服、ユゼフ・ポニアトフスキ公爵の勲章、そしてコペニクの生家の家の煉瓦さえ展示されているのです。

しかしショパンの心はティトゥシュのもとへと飛んでいたので、チャルトリスカ公爵夫人のコレクションまでは見なかったのに違いない。

ルブリン方面からやってきてクラクフ門や旧市街の美しい教会やザムコヴァ・グラの城を賛嘆したのに違いない。

そしてザモシチでは——美観を未だ留めている市庁のある広場《リネク》にはきっと立ち寄ったのであろう。そしてその時、十六世紀に有名なアカデミーを創設したザモイスキの総司令官のことに思いを馳せたのかもしれない。この総司令官について彼は云っている。

「このような人物がやがて若者を育成する、共和国の重鎮となるのだろう」

そして実際にザモイスキ家の人々を知っている彼は、きっと考えたのに違いない——あんなにも心から彼をもてなし、ワルシャワの彼女の宮殿であんなにも頻繁にコンサートを開いてくれたゾフィア伯爵夫人のことを。

その時、やはり彼は楽譜と共に旅をしている。ティトゥシュに自分の最新の作品を見せ、弾いて聴かせるためにそれを携えている。

ティトゥシュは何と云うだろうか？　ポトゥジンまでまだかなりあるのだろうか？　ザモシチから何マイル？　7、8マイル？　あー、馬は何てのんびりと歩いて行くんだろう。駅馬車の窓の向こうには、平原、小麦畑、ビート畑、畦道のマリアの祠等が見わたせた。道端で娘達が歌っていた。

「エイ、露のまにまに歌声が流れる
エイ、畑に林に、
エイ、みんな何を喋っているの
みんな風が運んできたのだわ（……）」

他のはマゾフシェで歌われているものより、もっと柔らで、憂いにみちている。「そよ風」は歌われている……それは――南から、東から、ウクライナの広大な大草原から吹いてくる風である。

ポトゥジンにショパンは二週間滞在した。そしてこの二週間の間に多くの作品を書き、ティトゥシュとも大いに話し合ったことだろう。そうして音楽のことだけではなく、あのグワトコフスカ嬢がワルシャワでどうしているかということなどについても。二人はもう一年も会っていなかったし、検閲を恐れて、手紙にもすべてを書くことはできなかったのだから。

ショパンはティトゥシュにこう云ったのに違いない。

――ワルシャワじゃー、みんな文句云っているんだ。6月に国会があったって、ニコライ皇帝がやってきて、人々はきっと何か変わるだろう、もっと自由になるだろうと考えた……そうはならなかったんだ。ロシヤ政府の検閲は相変わらずで、手紙は読まれ、新聞にすべてを書くことはできなかった。だから「ブジェジンカ」の客たちは、すぐに外国の出版物に手を伸ばし、たとえ外国のものでも政治的動向を探ろうとしたのだ。しかし外国の出版物もすべて入手できるわけではなかった。そして「穴蔵」での話し合いさえ聞こうとしたんだ！　そこでは独立についての考えや、計画について語っていたのだ！　そして学生達はどんな歌を歌っていたのか、どんな詩が流行っていたのか。

「ポーランド人は召使ではない、
官憲に繋がれた手錠に負けはしない
自由は死なず、自由に焦がれる
それなしには潤いもなくただ干からびていく花さ」

韻は多分最高のものではないだろう、しかし、彼らがこれを朗読する熱意は伝わってくる！

そして賢いティトゥシュはきっとこう云ったのに違いない。

――頭を冷やせ……早まって無分別な行動に出ないように。なぜならここでは注意深くしなくてはならない、ステップ　バイ　ステップさ。国を怠慢から立ち直らせ、賢い経営、農業と結びついた工業、他国からの独立。土台から固めて行かなくては。僕の、製糖工場のように。もう僕はそれを建てているんだよ。なぜってなんで砂糖大根を他人に売らなきゃならないんだい？　自分のところで加工できるっていうのに。ここには場所もあるし。だっていいかい、フリツェック、僕の仕事場はここなんだから。田舎だ。そして、君の仕事は音楽だ。

二人の会話がこんな風だったかどうかはわからない。でも私はこんな風に想像してみたのだ。そして賢いティトゥシュはフレデリックにまたこうも云ったのではないか。

君は今度いつ田舎にくるんだね？　君がウイーンやパリなどの外国へ行く前に……これは君の音楽にとって重要なことだよ。世界を知るということは君の音楽にとって最も大事なことだよ。だから旅行のために力を蓄えたまえ。この僕の静かな村から始めたまえ、田舎での生活を吸収し、観察することだよ。

多分こんな風だったのではないか、なぜならショパンはワルシャワからティトゥシュに、絶えず田舎の光景が目から離れないと書き送っているのだから。

「正直に君に云うけれど、すべてとっても気持ちよく思い出している――君の畑のことを懐かしく思い出している、――窓の向こうの白樺の木のことを記憶から取り去ることはできないんだ」

そして帰京前夜――ポトゥジンに別れを告げる時、池でケロケロ鳴いている蛙や庭のコオロギにも――レースのカーテンをあげ、そして窓辺にたたずみ、*泣く柳を長いこと見つめていたのに違いない。

＊　ポーランド人は長くしなだれる柳の木のことを好んで「泣く柳」と表現する。

第13章　ノクターン

ノクターン

もう最後の夜だ
明日の朝でかけるので
ここではまだ
メロディがなりひびいている

蛙たちが池で鳴いている
お休みの歌、歌って――
さようなら、おとうさま、おかあさま
明日の朝、僕は旅だってゆく

そしてコオロギの朝――さまよえる野の音楽家
別れを告げにやってきた――
お休み、音楽家

また君に会えるかな?

月が窓を見つめている
窓の向こうの銀色の柳
お休み、柳よ、お前にも
別れを告げなくては

もうそんなに心配しないで、泣かないで
芝生の上のスカーフ——
窓から落ちてしまった
だから君においてゆくよ

もう、最後の夜だ
明日、もう僕は発ってゆく
温かいおもてなし有難う
そしてもう一度——お休み、さよなら

君達はここに残っている――
僕のあとには何が残る？
スカーフ、細い小道の跡
ピアノの楽譜……

ワルシャワに帰って最初にティトゥシュに書いたショパンの手紙は、テーブル上の紅茶茶碗の間に置き忘れられていた。不思議なことなど何もない――両親も姉妹もワルシャワにはいなくて、独身男《ひとりもの》のすることなんだから。

さらば《アデュー》、さらば《アデュー》

「両親がジェラゾヴァ・ヴォラに行ってしまったので――次の手紙で彼は説明している（……）長いこと僕がワルシャワでポストに入れなくてはいけない手紙を君に送らずにいたのは極めて自然のことだったんだ。もう両親と火曜日に、またワルシャワに戻るので、君に書いた手紙は幸せにも紅茶茶碗のそばに、僕が出掛けに置いたその場所にそのままに残されていてくれた」

そしてすぐに過ぎ去った日々の報告が記されている。グワトコフスカの国立劇場の舞台でのオペラ・デビューについて語られている――「最初、声が震えていたとはいえ、後半では非常に大胆に歌った」コンスタンツィアを褒め、その出来ばえに満足していた、と語っている。

自分の音楽については、外国に出掛ける前にジヴニとエルスネルと共に、コンサートのリハーサルでポロネーズとトリオを弾かなくてはならない、と記している。

ジェラゾヴァ・ヴォラとの別れについては何も書いてはいない。そこへ行った時、それがお別れになるとわかっていた筈だのに。なぜなら外国には9月に発つことになっていたのだから。

彼がこの世界に登場した場所とどのように別れを告げたのか？　だからわれわれにはわからない、庭園の樹木たちや、揺りかごの上で歌っていた鳥たち、ウトラタ川の泣く柳たちと。

きっと音楽で彼らに別れを告げたのだろう。なぜなら後年、目撃者が回想している。7月の夕べにショパンが家で弾くピアノの音で庭がとりかこまれていたという事実を。

「僕は当時10代の少年であった。僕はもう一つの村で家畜の売買をやっていた。しかし毎晩、人々とピアノを聴くためにジェラゾヴァ・ヴォラまで飛んでいったものだ。人々がたくさん集まってきていた。中庭の門のもと、とうひの木の下の石の上に、あるいは菩提樹の木の下に、客や人々でそこは一杯だった。なぜなら邸には当時、多くの人がいて、彼らは耳を傾け、傾け、ショパンは弾いて、弾いて、弾きまくっていたんだ」

次のティトゥシュへの手紙でもショパンは、再びグワトコフスカのことについて書いている。彼は次の劇場での彼女のコンサートに出掛けているのである、きっとティトゥシュの手紙は保存されているのに違いない、「恋人からのリボンのように」、「僕はリボンを持っている（……）」と書いている。彼は出発の日の正確な日にちをまだ決めてはいなかった――「（……）出発の日を決意する勇気がないよ。」

九月の半ば、自分のコンサートのリハーサルについて書いている。どうして出発の日を決めかねているのか――これはグワトコフスカ嬢のためではない。とんでもない！――「（……）もし君が何か愛のためだと疑っているのなら、ワルシャワの多くの人々のように、その考えは捨て去ってくれ（……）」

二週間後、再び釈明――父が今の所まだ出掛けない方がよいと言っている。政治状況は芳しくない、ヨーロッパでは王権が揺らいでいる、フランスに革命の波が押し寄せてきている、ベルギーで蜂起が、イタリア、ドイツでも不穏な動き。ツァーリの政権がパスポートを出すかどうか誰にわかるか？

革命的気運の盛り上がりがポーランドをも包み込んでいた。若者たちは共謀し、ワルシャワにビラがばらまかれていた。ベルヴェデルのコンスタンティ公爵の居住地に。誰かが「新年から住居の賃貸を始めます」というボール紙の広告を吊るした。

ショパンは地下運動には参加しなかった。コンサートや出発の準備で時間はもうギリギリ一杯だった。

「おそくとも、コンサートの後一週間にはもう僕はワルシャワにはいない！」彼はティトゥシュにそう書いている。「もう旅行用のトランクを購入し、旅の準備は万端、スコアも手直ししている、ハンカチも用意、ズボンも誂えた。」

きっと姉たちがハンカチなんかの用意はしたのだろう。スコアの手直しと清書は自分でしなくてはならないけれど。

コンサートは国立劇場で10月11日に行われた。リハーサルが終るやいなや、新聞はすぐに次のように書いている。

「これは天才の作品である。」

そしてショパンはティトゥシュに書いた。

「昨日のコンサートはうまくいった　――このお知らせと共に急いでお知らせします。

全然、全然こわくなんかなかった。自分が一人の時と同じように弾くことができた。ホールは満席だった。」

レパートリーの詳細を報告している——協奏曲ホ短調の他に彼は他の曲も弾いた。グワトコフスカ嬢の演奏についても書いている——「すてきなドレスで可愛かった、（……）真っ白いドレスで、頭に薔薇の花をつけていた」。そして彼女のアリアについて歌詞も書き添え「汝がためにどれ程の涙を」、そして彼女は「まだ一度も歌ったことがなかったかように初々しく」歌った、と。

これはワルシャワでの彼の最後のコンサートだった。聴衆との別れ。そして、その後、知人、親友、コンタンツィアとも別れを告げなくてはならなかった。彼らは指輪を交換した。彼は彼女に古めかしい小さな宝石のついた銀の指輪を渡した。そして彼女も同じような指輪と、次のような別れの詩を綴った記念帳を渡した。

「運命の哀しい定めにあなたは従い
わたしもそれに従わなくてはならない
どうか忘れないで、忘れがたき人よ
ポーランドにあなたを愛している者がいることを」

そしてこの第一連の後にすぐ次の第二連をつけ加えた。

「名声を永遠に萎れぬ花冠へと変えようとも
あなたは愛する友や家族を捨て、去ってゆく
異国ではもっと大きな報奨をかち取ることだろう
でもわれわれより強くあなたを愛することなどできはしまい」

「できる」――後に余白にショパンは小さい詩を書き添えた。しかしそれはもうすでにおそかった、非常におそかった。なぜなら取り敢えず、ティトゥシュにグワトコフスカからもらったリボンのことを書いたのみであったから。

「楽譜は行李に、リボンは心に、心はこの両手に、そして駅馬車に。涙はえんどう豆のように転がり落ち、街のいたる所、縦横無尽に、コペルニクからズドロユ、ブランカからジグムント王へと。」

「コペルニクからズドロユ」――と彼は書いた。コペルニクの記念碑は、ショパンがワルシャワを発つ数カ月前に建てられた。スタシツ宮殿の前のクラクフ郊外通りの突端に立っている。今日、そこにはポーランド科学アカデミーが建っている。当時、そこは「科

学の友協会」と呼ばれ、ショパンは多くの親友を持っていた。

だから彼は年取ったニェムチェヴィチのことを考えたのに違いない。彼は最初の演奏会にきてくれた。プロジンスキやベントコフスキ――教授たち、彼らの大学での講義を彼は聴講している。そして自分の洗礼父であるフレデリック・スカルベック。なぜなら彼は「科学協会」会員だったのだから。

きっと彼らはショパンについて話し、彼が外国に行ってしまうことを残念に思ったのに違いない。これからの彼の将来の芸術的発展は、この出立なしにはあり得ない。なぜなら、分割により貧乏になり略奪されたポーランドには、彼を育てる条件がないのだから。

ショパンの回想による「ズドルイ（鉱泉）」は、クラシンスキ広場の鉱泉研究所の庭にあったところに違いない。この研究所の創設者の一人にエルスネルがいた。だから「ズドルイ」を思い出しながらエルスネルのことを思ったのに違いない。

コペルニクから「ズドルイ」まではかなりの距離である。クラクフ郊外通り、そしてミョドヴァをずっと通って行かなくてはならない。そして道の途中――カジミエシ宮の昔の住居、そしてチャプスキ宮の三階にショパンは出発までの一時期、住んだ。家族の家、父、涙にくれる姉たち、母はハンカチを目に当てている。

――向こうでは一体、誰が彼に気を配りお世話してくれるんだろうね？　あんなに風邪を引きやすい体質だから心配だわ……

そして喫茶店の「ブジェジンスカ」、「穴蔵」、そして「シンデレラ」でも彼の噂で持ちきりだったのに違いない。そして親友たちの家々で——「ブランカからジグムント王まで」。ブランカ宮で——この劇場広場脇にあるのは、現在の「記念物修復局」*で、当時私的な住居であった。しかしそこに誰が住んでいたのか？　ショパンの親友の誰か？　彼はワルシャワにたくさん親友を持っていた。

そんな一番近いグループの人々が、彼の出発の日の前日、別れの宴にやってきた。スピーチ、詩の朗読、蜂蜜酒での乾杯。この蜂蜜酒のことは後世の人々のために「フランカ」の詩中にちょっぴりではあるがとどめられている。

「娘さん　お姉さん
まぁ　落ちついて！
笑っているけど、
僕のカフタンに蜂蜜をこぼしてしまった！」

「フランカ」の他に、この別れの会でステファン・ヴィヴィツキの詩にショパンが曲をつけた歌が歌われたのに違いない。悲しみに混じった楽しさの中で「祈り」が歌われた。
「もしも私がおひさまだったら
ただ君のためにのみ輝くことでしょう（……）」
そして「ヴォヤク（つわもの）」も絶対に歌われた。この「ヴォヤク」は非常にショパンにふさわしいものなのである。もう明日発つという歌なのだから。

「わが愛馬いななき、大地を蹴る
もうその時だ、出発の時ぞきたれり！
父よ、母よ！
姉よ！妹よ！
別れを告げる！（……）」

そしてその後で親友たちは銀の杯に入れた祖国の一握りの土をショパンに渡したのだ。

＊　1762～1764年に建てられたバロック形式の建物。ワルシャワのセナトルスキ14番地にある。

出発

「たとえ、君、われらが国去ろうとも
汝が心　われらの中に残して（……）」――

コンセルヴァトリウムの学生達が彼のために歌った。

それはエルスネルにとって思いがけない出来事であった。彼は別れの歌を作曲し、生徒達を集め、ワルシャワのロガテック迄行き、そこのヴォラ村の旅籠屋で彼が乗って行く駅馬車を待った。

だからそこでまた再び抱擁、涙。そして彼が二度ともうここには帰ってこないだろうという予感。彼がもう両親もワルシャワもポーランドも見ることはないのだ。すでにその思いが長いこと彼を苦しめていた。

「死にに行くような気がしています、どこか外国の人々の中で死ぬなんて、何て残念なことでしょう！」――ティトゥシュに彼は書いている。

11月の2日に彼は発って行った。「万霊節」の日に。「万霊節」には、亡くなった人への祈り、彼らへの追憶、永遠の思いを編み込んだ花環や蝋燭を墓に灯す。

だから、多分出発の前日の朝、ポヴォンスカにお墓参りに行ったのではないか、墓地の並木道を母と二人の姉と、そして一番若かった三番目の妹の眠っている墓にお参りしたのではないか、どうして一番若いのが真先に死んでしまうのか？　或いはポヴォンスカには行かなかったのかも知れない。ただ母と姉妹だけで行ったのかも知れない。石碑にかかる栗の枯れ葉をかき分け花束を置き、蠟燭の火をつけた。そして二人の中、どっちか――ルトカそれともイザベラ？――いやイザベラが風に蠟燭の小さい火がかき消されてしまわないように手で覆いながら云った。

――これはフリツェックからよ、エミルカちゃん。

ポヴォンスキの並木道をエミルカの墓へと歩いて行くと、私にはそういったことが見えてくる、そしてこれらすべての人はもうこの世にはいない。すべてみんなここに葬られているのだから。ショパンの家族、姉妹、教師達、ジヴニ、エルスネルも。そしてリンデ教授の墓はプロテスタントの墓地の中にある。

ただフリツェックの墓だけはパリのペールーラシェーズにある。その中に親友達が手渡した、一塊の祖国の土もあるのだろうか？　パリのその墓はこんなにも遠い。

彼が出発した時、みんなが歌った。

「（……）あなたの心はわれわれの中にとどまっている！」

それはワルシャワに今も存在している。ルトカがそれをワルシャワへ持って帰った。ワルシャワのわれわれの中に、クラクフ郊外通りの聖十字架教会の中に。

そして何より彼の音楽は今も生き続けている。

第14章　雨だれ

こちらワルシャワ放送

私は書いて、書いて、書きまくっている、キーを叩きまくっている。私のタイプライターが、文字、単語、文章をはじきだしている。私の本はすべてこのタイプライターで書き上げたのだ。すべての章を。そして最後の章を書き終えようと、最後の終止符を打ち終えた時――音楽が聞こえてきた。ポロネーズのイ長調の最初の一小節。ラジオ・ワルシャワの放送局のシグナルである。もうすでに数えきれない程多く聞いているメロディーだ。

――タムータータラム、パーラーパーパーパーラムー

私はタイプのキーをショパンのポロネーズのリズムで叩いた。まるで打楽器を叩くかのように。だが、ショパンは打楽器を弾くことができたのだろうか？　そして音楽の音を書くのはこういう風ではなく、音符で表すのだから、このタイプではただ文字を打ち出すことしかできない。

音楽が静まり、ラジオから声が聞こえてくる。

――こちらワルシャワ放送です……

私がまだ小さかった頃、このラジオ・ワルシャワは何て礼儀知らず、ショパンの音楽を

途中でぶったぎってしまうなんて、ととても驚いたものである。なぜなら私はこのラジオのスタジオに実際、ショパンがピアノの前に座っていて弾いているものと思いこんでいたからだ。やっと椅子に腰掛け、やっと弾きはじめた所だというのにいきなり、

——ワルシャワ放送です、なんて。

そしてとても長いこと、これはショパンが弾いているのではなくて、だれか他の人が弾いているんだということを信じたくなかった。そしてワルシャワ放送局が毎日、マイクロフォンの前でこの音楽を再生しているんだなんてことを。当時は多分レコードを回していたのだと思う。その頃、カセットテープなんてまだなかったのだから。そしてショパンのポロネーズの始めのフレーズは、ワルシャワ放送局の開局の時から流れていたのだ。正確な日付を決定することはできなかった。しかし古い雑誌の年報で探し回って１９２６年のこういう情報を得た。

「本年4月18日〝ポーランド・ラジオ〟は放送局の開局にあたり、ポーランドの最も輝かしいアーテイストの参加のもとに、ショパンに捧げる素晴らしいコンサートを開催したのです——————われわれの文化の歴史の新しい時代の始まりとして、特に音楽文化に於ける聴衆の意見を尊重したのです。」

しかるべく「新しい時代の始まりとして」と彼女は書いたのだ。われわれの20世紀は、

辛うじて26年経ったところである、ポーランド放送局はやっとヨチヨチ歩きを始めたところなのだ。

ポーランド放送はやっと始まったところである、２４００人ほどがラジオの受信機を持っていたのにすぎない。

多分このショパンに捧げられたコンサートから、それは始まったのではないか？　そしてまさに、その時、だれかの頭にワルシャワ放送の時報にはショパンのポローネーズが一番よいのではないかと閃いたのではないか？　そしてシグナルがずっとそのまま変わらなかったのは何とよいことであったか、この間どれ位多くのことが変遷を遂げたのにも関わらず。

こんなことに思いを巡らせているとアナウンサーが天気予報を伝え始めた。

——……風の方向が変わり、ほどよい曇り加減、小雨になるでしょう……

今のところ太陽が照っている。ヴィスワ川を飛び越え、バルコニーを覗いている。ではワジェンキ公園まで散歩に行くとしようか？　万が一のために傘を持って。

——ワルシャワ放送です……

というアナウンサーの言葉がリフレインのようにまた聞こえてきた。

今では、もう一人で云っている。アナウンサーを通さないで。そして私はこれをみんな覚えている。私は書く。落ちついて、ゆっくりと、急がずに。

ワルシャワ放送も今日は急いではいない。リズムをゆるめている——そう、今日は日曜日なのだ。店もすべて閉まっている。人々は教会に行く。その教会から、ラジオが日曜礼拝の中継を行っている。聖十字架教会。ショパンの心臓のある教会。

「お前の宝はどこ、お前の心臓のあるところ」——福音書の聖マテイコの言葉が教会の地下の礼拝堂に書かれている、その中に心臓の入った骨壺がある。そしてショパンについての記憶をささやくのはポーランドの偉大なる詩人[*(1)]チプリヤン・カミル・ノルヴィドである。

「世界に通用する才能とポーランド魂をあわせ持つワルシャワ出身の音楽家」

プレートの周りを彫刻を施したフレームが、石の屋根でめぐらされ受難の神のように、道端の小さい礼拝堂のように——十字架、十字架の下の大理石の白い胸像・そしてプレートの下には、白いカーネーション。スミレではないのが本当に残念。ショパンが大好きだったのはスミレだったのだから。そうだ、スミレは春咲くものであるが、今はもう秋だ。だから白いカーネーション、飾り帯、そして盾、盾、盾——学校の番号つきの、都市の名前——ルバチュフ、シヴィノウイシチェ、ビアウィストック、トルニ、ヴァウチ。こんなにも多くの所から、数えきれない場所から。ポーランド全国からの空色と赤の学生らしい盾が。遠くからはそれはまるで花のように見える。プロセツィヤ（歌いながら練り歩く宗教上の行列）にばらまかれた花びらのようだ。

聖十字架教会からクラクフ郊外通りへと出て行く。この街道は、王宮広場から始まって、それからクラクフを通って、ノーヴィ・シフィアト、三つの十字架広場、そしてウヤズドフスキェ大通り、そしてワジェンキ公園と導かれる。

——王道——とワルシャワでは言われている。

——ショパンの……　——と私はささやく。

——ショパンは何年にもわたってこれらの道を歩き回ったのだ。走り、馬車に乗り、そして今は……

私はノーヴィ・シフィアトに向かう。そしてすぐに——左に、右に——音楽専門店や古美術店や、書店のショウウィンドウ。ショパンのレコード、楽譜、彼についての書物。ノーヴィ・シフィアトの角の「デサ」[*(2)]の展示物、そしてヴァレツキ通りの——サモワール。

ショパンの家では紅茶をサモワールで飲んでいたのかどうか私は知らない、このことに関するいかなる言及も私は知らない、しかしまさに——十九世紀初頭にポーランドでサモワールが普及し始めたのである。ロシヤからロシヤ軍隊と共にやってきた、ベルヴェデルにはきっとあったことだろう。コンスタンティ侯爵の所には。小さいフリツェックは、そこで何度もピアノを弾き侯爵の息子と遊んだものだ。だから、おやつを一緒に食べサモワールのお茶を飲んだのに違いない。だからベルヴェデル以外でもこんな機会に出会えたに違いない。ショパンを謝肉祭の舞踏会に招待した家々でも、そのテーブルにサモワールを持ち出したのに違いない。

「デサ」のサモワールの横には、朝食用の小さな紅茶茶碗セットが展示されている。それもやっぱり当時のものである。多分ショパンがティトゥシュに出した手紙が置きざりにされていたのもこんな紅茶茶碗と紅茶茶碗との間だったのだろうか？　展示品から展示品へと見て歩いた。そしてまた本屋さんのガラス窓越しに本を見る――ノーヴィ・シヴィアトの通りにはそんな店がたくさんある！

――そしてノーヴィ・シフィアトはかつてノヴィクと呼ばれていた。私はこのことを十九世紀のワルシャワ方言辞典でつきとめた。生徒たちはそう云っていた。だからショパンもそう云っていたのでは？

古書店のショウウィンドウは――これはノヴィク最古の陳列品である。昔の乗り物の写真のアルバム――十九世紀の大型箱馬車の。ただ馬をつけて走る。ショパンが何度も行き来したこの道。三つの十字架教会を通った箱馬車。並木通りを行った大型箱馬車。ワジェンキ、ベルヴェデルへも行った大型箱馬車。四頭馬車でガタゴトと。

そしてワルシャワのアスファルトの舗装道路には、もういかなる大型箱馬車も行き来することはない。その時代はもう過ぎ去った。古い乗り物博物館へと持っていかれてしまった。この博物館はここからはとても遠い所にある。*(3)ワンツトという所に。それがワルシャワにないのはとても残念なことだ。

私は並木通りをずーっと歩いて行く、そしてピェンクナ通りを通りすぎ、すると、すぐにフレデリック・ショパン通りという青いプレートが見える。彼が馬車に乗って行った頃、ここは庭園だった。通りは十九世紀末までそのような標示がなされていた。並木通りの反対側はウヤズドフスキ公園で、銅像の椅子には偉大な作曲家で、ショパンの作品の演奏家でもあった――*(4)イグナツィ・ヤン・パデレフスキがソファーに座っている。かつてその銅像は私の家のすぐ近くのオストログスキ宮殿にあるショパン協会と音楽アカデミーの間にあった。その後でここへ持ってこられたのだ。

その時、ワルシャワでは、パデレフスキが逃亡してしまった、だからもうパデレフスキの弾く音楽を音楽学生のようにきくことはできない、と云われていた。それで私は次のような詩を綴った。

――パデレフスキはソファーと一緒に逃げていってしまった

なぜって[*5]デジベルがあまりにも大きかったので

それで今、彼はウヤズドフスキ公園のベンチに座り、一息入れている。ここもやっぱりショパンに近いところに位置している。というのも、このすぐ近くにショパンの銅像があるのだ。この銅像はかつてまさにここのウヤズドフスキ公園に建っていた。そのように企画されていた。しかしそれは変更され、銅像は今、すぐ近くのワジェンキ公園にある。

ここから本当にそう遠くはない。アグリコラ通りを通ってワジエンキ街道を通って行けばよい。植物園、そしてすぐもうワジェンキ公園である。ワルシャワ一美しい公園。そしてマゾフシェの柳の下のショパンの銅像。ブロンズの五メートルもある銅像、柳は二メートルそれよりさらに高い。ブロンズの鋳型の中で固まっている。銅像の台座の上に置かれ、ショパンが子供時代を過ごした国の、枝分かれした柳、そして、マゾフシェ平原の広がる、ウトラタ川のほとりの――ワジエンキ公園の泣く柳の並木は今、ショパンに頭を垂れている。

私は、今この記念碑の存在を可能にした人々に感謝の念を捧げる。

主唱者は、声楽家のアデライダ・ボルスカである。作家のヴァツワフ・グルビンスキは次のように書いている。

「1990年、パリ・オペラ座のプリマドンナのアデライダ・ボルスカがペテルブルグの宮廷劇場に出演した。皇帝は賛嘆の念を表し歌手に訊ねた。彼女の歌唱に彼の受けたこの感動にどうやってお返ししたらよいか」と。

——閣下、もしお許しいただけますなら、ワルシャワにわれわれに絶大な喜びを与えてくれた巨匠の銅像を建てていただけたら、どんなに嬉しいでしょうか。

——それは、あなたの同国人の愛国者のことですか？

——ショパンの銅像のことでございます。

そうだ——当時、ポーランドは他国の隷属の身であった。侵略者は、愛国者のあらゆる兆候を撲滅しようとしていた。ここではだんだんと新しい愛国的示威行進が行われるようになっていた。シェンキェヴィッチの記念祭、彼がその本に書いたこと「心を奮い立たせるために」に呼応し、また「ハルカ」が上演された500回記念にモニウシコに敬意を表して、ミツキェヴィチの銅像の除幕式が行われ、その時、警察はポーランド人の行進を追い散らしながら、群衆に馬をけしかけた。そして今、また——ショパン……

そしてたとえ皇帝といえども、歌手の、銅像を作って欲しいという願いに驚きを示した——皇帝権力はその実現を無限に引き延ばしていた。建設委員会（その中にパデレフスキもいた）が基金を集めるのに困難をきたした。幾度にもわたって、場所の決定が変更になった。その後、銅像のコンクールが決め手となった。コンクールには六十六人の彫刻家が参加し、第一位を獲得したのは、ヴァツワフ・シマノフスキであった――当局はそのプロジェクトを承認しようとしなかった。*(6) シマノフスキは、自らがペテルブルグに赴き、皇帝に直訴した……その後で、骨の折れる石膏ギプスの作成にとりかかった。コンクールの出品サイズは原寸でなくてはならなかった。このために特別の仕事場を作らなくてはならなかった。

銅像は、パリでブロンズの鋳造が行われる筈であった部分は――ショパンの胸像と柳の石膏モデル、残りは仕事場に残された――1914年に鉄道列車で搬送した。第一次世界大戦の始まるその前日であった。そして、それは戦争終結後に発見された。

「1918年、私はやっと、絶望的で、絶え間のない試みの後、ついに胸像の運命についての情報を得たという返事を貰った」とシマノフスキは書いている。「パリの鋳造担当者が私に通告してきた、その鋳造の一部分を載せた列車が、動乱の時に、奇跡的に助かった」。

しかし銅像の建設は、更に延期された。今回も経済的理由によってだった。ポーランドはやっと独立を取り返したばかりで、しかも戦争によって破壊しつくされた貧乏国であった。

「最終的な決断に私は踏み切った――とシマノフスキは書いている。自分の様々な問題はすべて排除し、仕事場も売り払い、自身で外国のアーチストのサークルに訴えかけた」

七年後になって、やっとコンサートや国家の助成金、募金により必要経費を捻出することができた。

記念碑の除幕式は1926年の11月14日に行われた。

コーラス、オーケストラ、国内外の賓客、出席できなかった人々からの電報などのはなばなしい祝賀会となった。

「四分の一世紀が費やされ、この日を待った。遂に、青空と太陽に恵まれたほとんど夏のような暑い日、これらのあらゆる犠牲を強いられた過去をぬぐい去るかのような雲一つない晴天の日であった。」――当時の新聞が書いている。

それは1926年のことであった。ちょうどこのショパンのポロネーズのメロディーがポーランド放送局の時報になったのと同じ年であった。その13年後、1939年9月、第二次世界大戦に突入した最初の日、包囲された首都で、私はこのポロネーズを聞いたのであった。市長の、ステファン・スタジンスキは疲れ果てた嗄れた声で次のように呼びかけた。

「今、ワルシャワは炎に包まれている、ワルシャワは間断なくすべて破壊しつくされ廃墟と化した。電気も水道も食糧もない。」

そして、その後——ワルシャワはドイツに占領された。ヒットラー政権の占領者達は、ポーランドをその地図から抹殺した。彼らは、ポーランドの——文化、科学、芸術、国家の遺産のすべてを破壊しつくそうともくろんだ。最初の指令の一つはショパン音楽の演奏の禁止だった。銅像をダイナマイトで爆破した。くず鉄として放り投げた。弾薬で溶かした。がらんとした台座の上に、その時、次のような短い詩が現れた。

「だれが僕を取り去ったのか、それはわからない
でもどうしてだかわかっている
『葬送行進曲』を
弾かせないためだ」

ワルシャワ中がそれを口ずさんだ。そしてドイツ人によって禁止されたショパンの音楽は、地下に潜って行った。コンサートは、普通の家で秘密に催された。戦争の間中。銅像は戦後、再建された。これは非常に難しい課題であった。新しい、他の銅像をここ

にもってきたら、もっとずっと事は簡単であっただろう——こういう提案さえあった位だ——しかしワルシャワは否と言った！　前にあったのと寸分違わぬものでなくてはならないと。多くの思い出が、ワルシャワの歴史と共に、増幅されていった。だから再建しなくてはならなかった。復元しなくてはならなかった。しかしどうやって？

さいわいなことにヴロツワフのスクラップ置き場でショパンの頭が見つかった——あの銅像と同じものが。ただその二分の一の大きさのものであったが。戦争中、モコトフ区のシマノフスキの仕事場には、ブロンズに鋳造された銅像のミニアチュアが残されていた。戦前の写真も残されていた。測量が行われ、幅、厚さ、高さのすべての細部にわたって、粘土で、7センチのモデルが作られ、各部分に分けられ——鋳造の鋳型にはめるために全体を固めるようないかなる炉もなかったが、ついに116の鋳型に固められ、そして全体で16トンになる銅像が組み立てられた。

除幕式は1958年の5月に行われた。

——ショパンが戻ってきた、と当時、ワルシャワは放送した。そして人々は銅像を歓迎するために、ワジェンキ公園に出掛けて行った。彼らは銅像の周りを歩きまわり、台座に彫られているミツキェヴィチの言葉を読み上げた。

「炎は描かれし歴史をかみ砕く
剣の宝を盗人にかすめとられ
歌はつつがなく……」

5月から10月の、毎日曜日、ショパンの銅像の下で、コンサートが開催されている。今日もやっぱり日曜日である。こんなにも多くの人々がやってきている。テレビもきている。技術者がケーブルをひっぱってきて、マイクロフォンを取り付けている。コンサートは外国にも中継されるのだろうか？　ショパンの音楽は世界中をかけめぐっている。ポーランド国際テレビはショパンの銅像の画面で放送が始まる。

これでペンをおくことにする。そして傘を広げる、なぜならポツ、ポツ雨が降ってきたので。

＊(1)　詩人。造形作家（1821〜83年）戯曲、小説、哲学的エッセーを残している。
＊(2)　古美術や絵画、アクセサリーなどを扱っている店。
＊(3)　南ポーランド、ジェシュフ県にある早期バロック形式の城。18世紀〜20世紀の車両を収集した博物館がある。
＊(4)　ピアニスト、作曲家。1919年〜20年まで首相をつとめる。
＊(5)　音響の大きさを計る単位。
＊(6)　（1859〜1930）彫刻家、画家。

雨だれ

先ずポスターがあった
百五十、いや二百もの
ポスターには

「大コンサート――
雨のプレリュード」
と書かれている
人々は立ち止まって
ポスターを読んだ
彼らは訊いたりはしなかった
どこでコンサートがあるかなどと
ただひたすらショパンの
銅像のもとへと走った、

ワジエンキ公園へと
泣く柳のそよぐ所へ、と
ワルシャワ中の半数もの人々が公園へと走ってきた、
だから私も街道を走っていった
みんな手に傘を持っていた
……そして、すべてはこんな風にして始まっていった——
そこにはわれわれのショパン様が自分の台座の上に
そのまわりに物凄い人々の群れが
そしてこの人々の傘が触れ合い

ピアノは実際には、そこにはなかった
一人の男がそのことに文句を言った
しかし子供は、(なぜなら子供を連れてきていたので)ピアノが見えると言った
——見えるのかい?
——見えるよ、ピアノのキーが音を奏でている
——聞こえるかい?

――聞こえるよ
木の葉の中で雨が音を奏でている
ワジエンキ公園のショパンの柳の木の下で
雨の雫が掌の中で揺れている

傘が空を覆い
秋の夕暮れに花咲く
――聞こえるかい？
――聞こえるよ、雨のプレリュードが
――見える？
――見えるよ、降りだしてきた雨の粒が・・・

「あとがき」にかえて

２００６年に「ショパン」誌に本書の大半を一年にわたり、掲載させていただいてから十年の年月をへだてて、内藤克洋氏から単行本にしたいと声をかけていただき、大変嬉しく思っている。しかしもう編集部にはデータがない（後で見つかるのだが）ということで、慌てて書斎の片隅においておいた古い紙袋を探したのだが、なかなか見つからない。10年という月日は何かの時のためにと大切に保管しておいた筈の紙袋も原稿も、そしてかんじんかなめの記憶力もすっかり古びさせ、色褪せさせてしまっていた。原書を探し出すのも一苦労だった。すぐにポーランドにメールしたのだが、ワンダさんの記憶もすっかり薄れてしまっていて、全く違う、と言ってもまた新しく出版された本を送ってくださったりした。それには初めて目にするショパンの草花のスケッチも載っていた。

私が初めてワンダさんにお会いしたのは２００５年の夏のことであった。翻訳上の多くの疑問点があり、直接お会いしていろいろお聞きしたいとかねがね思っていたのだが、その前年のこと、毎年のように参加していた国際詩祭のためにスロヴァキアまで60キロという、人里離れた緑豊かな美しい地域にまで行ったことがあった。フロリンカという、春にはさまざまな花が咲き乱れる美しい地域だ。そこの図書館が催している「作家を囲む会」にワンダさんがその前日にみえたということで、何気なく司書たちの交わしている会話でそのことを知り、大変に残念に思ったことだが、彼女が人々にいかに慕われ、人気があるのかがじかに伝わってきた。

しかし本書を通じてつぶさに作者とお会いすることが出来、いろいろお聞きすることが出来たのは、本当に嬉しいことであった。想像していたよりずっと若々しく、活動的な女性であった。その頃、ポーランド中を各小学校や図書館を回って、「作家を囲む会」に精力的に参加していらした。とにかくフットワークのよい方で、「本が売れないというけど、どうしてこういう会をしないの？」と言っていらした。ワルシャワのオールドタウンの手前にある作家クラブの喫茶室で私達は会った。こちらの質問には打てば響くように簡潔で的確な答えがすぐさま返ってきたし、あまり煩雑で分かりにくい箇所は惜しみなく削除してくださった。その年はことの外暑い夏で、いつも涼しいポーランドの夏を予測して、日本から一着しか持っていかなかったラフな普段用のワンピース姿で、いささか恥ずかしかったのだが、ワンダさんのフォーマルなオフホワイトの麻のスーツ姿はいかにもすっきりしていて粋だった。なにか冷たいものを私は頼んだと思うが、彼女がトマトジュースにタバスコを入れて飲んでいらしたのがとても珍しく思われた。そんな飲み方を知らなかったので、驚いているのが顔に出てしまったらしく、「どうしてこうしたらいけないの？」と言われてしまった。それで今でもタバスコを見ると咄嗟に彼女のことが思い出される。なにしろ、タバスコなんて、その頃日本でもポーランドでも滅多にお目にかかることなどなかったのだから。

その日お別れした後、またすぐに連絡があって、差し上げたいものがあるからということで、いただきに伺うと、美しくラッピングされた紙包みの中から出てきたのは、ショパンのポートレートとオタマジャクシの絵柄のある真白いコーヒーカップだった。私の宝物の一つで、今でも大事にしている。

今度ワルシャワに来る時は家に泊まりなさいと言ってくださったのだが、いつも出張中だったり、リビング改装中だったりで、なかなか実現には至っていない。

今回、人名、地名等の片カナ表記は実際にポーランドの方に発音していただき、ポーランド語（ポーランド語には長音というものがないことに特に留意し）に最も近く、しかも日本人にも発音し易い音ということを心掛けて表記するようにした。それでもなお至らぬ点があると思うが、お気づきの箇所があればご指摘いただければ幸いである。

また、表紙と挿絵を、福島は滝桜で有名な三春出身の人気画家、渡辺あきお氏にお願いした。福島生まれの独特な人懐っこさと素朴さ、繊細な感性の持ち主で、ムードメーカーのあきお氏に私たちはどれ程助けられていることだろう。彼は詩人であり哲学者でもある。「ララバイ通信」の2016年秋号の表紙では、イギリスのとある動物小屋から這い出してきた豚や狐、ウサギ、リス、蛙たちの眼を見事に描き分けていた。どれ一匹をとっても同じ表情のものはない。

今回、ショパンの物語を描くのに、図書館や古本屋にも足をのばし、一枚のイラストに一日を優に費やしたという。ショパンの愛したスミレに注目し克明に描いている。思わず涙があふれた。武蔵野の素敵なあきおさんの薄紫のお家（某有名作曲家から譲り受けたもの）からは、いつもショパンのピアノ曲が流れてきている。しかし行きたい、行きたい、といいながら、忙しすぎて、まだポーランドを見ていない。今年こそ見せてあげたい。本当にお疲れさまでした。ありがとう。

最後になったが、この本を翻訳するよう勧めてくださった、ポーランド文学翻訳家の坂倉千鶴さん、またこの出版不況の真っ只中に単行本として出版することをご英断くださった内藤克洋氏、「ハンナ」代表取締役の井澤彩野氏、編集担当の正鬼奈保氏、またわからないポーランド語の解読にいつも快く付き合ってくださる日本在住のジャーナリスト鈴木マウゴジャータさん、ヤギウェオ大学ポーランド語学科卒業の言語学者ハンナ・ミレフスカさん（「どうか遠慮しないでたくさん質問してきて」という彼女のメールにどれ程励まされたことか！）、ワルシャワ大学のミワコイ・メラノヴィッチ名誉教授、民族衣装研究の富樫優子さんにも心よりお礼申しあげる。
また、この本の出版に際し、「ポーランド広報文化センター」より助成をいただき、ミロスワフ・ブワシチャック氏をはじめ担当のヤロスワフ・ヴァチンスキ氏にはひとかたならぬご尽力をいただきましたことに心よりお礼申し上げます。

２０１７年　春　　つかだみちこ

作者プロフィール

ワンダ・ホトムスカ

1929年10月26日ワルシャワに生まれる。児童文学、詩人、作家、シナリオライター。ワルシャワ工科大学社会政治学科ならびにジャーナリズム学科に学ぶ。1949年、「若者の世界」誌に青少年向けの作品を発表。文学界に作家デビュー。児童向けのテレビ番組、人形劇、また映画作品のシナリオライターとして活躍する。1970年代「子供のための千一夜物語」のテレビ番組で一躍人気作家となる。70歳から80歳前半までポーランド中の小学校、中学校、高校、また図書館をまわり読書の普及運動に努める。国際微笑賞創始者。現在も創作意欲旺盛で、ページをめくると花の香りが漂う花の絵本の出版を夢みている。

訳者プロフィール

つかだみちこ

ワルシャワ大学で現代ポーランド文学を専攻。

主要翻訳：「ノアンの夏―ショパンとサンドの恋」（未知谷）、「冬空の郵便馬車―ショパンの心臓とルドヴィカは、こうして故国へ戻った―」「月刊ショパン」2011年（2月号所収、ショパン）、東欧詩集、シンボルスカ詩集＝編訳（土曜美術出版販売）。「世界―ポエマ・ナイブネ」ミウォシ共訳（港の人）、「ワイダ・自作を語る」共訳（平凡社）他。

エッセー「ノアン白昼夢―サンド館を訪ねて」（月刊ショパン2000年（7、8、10月号所収、ショパン）、「ショパンの姉ルドヴィカのこと」、「シンボルスカの死を悼む」、「キュリー夫人の涙」（交通新聞社）他。

著書：「キュリー夫人の末裔―ポーランドの女性たち」（ちくま書房）「ポーランドを歩く―ショパンと田園の国」（YOU企画）、「東欧の想像力」（共著）松籟社
ドキュメンタリー小説「ヴィルニュスまで」（東方社）は諏訪部夏木名義。

画家プロフィール
渡辺あきお
福島県三春町に生まれる。

アニメーションの仕事を経て、TBS〃日本昔話〃の美術背景を描く。

その後、童話の挿し絵や絵本を描く。主な作品に『ゴリラのパンやさん』（金の星社）、『心に残る日本の愛唱歌』（東京書籍）など多数ある。

版画の制作をしながら動物たちのおしゃべりの様子を豊かに表現している。

折々に美術館や文化会館での〃心のメッセージ〃展も開催している。

渡辺あきおホームページ「山猫堂」　http://yamanecodou.net/

ポーランド広報文化センター
INSTYTUT POLSKI TOKIO

Niniejsza publikacja została wydana dzięki finansowemu wsparciu
Instytutu Polskiego w Tokio.

本書は、ポーランド広報文化センターが出版経費を助成し、
刊行されました。

菩提樹と立ち葵の歌 ～ショパン 音の日記～

2017年4月11日　初版発行

著　者　ワンダ・ホトムスカ
訳　者　つかだみちこ
表紙画・挿画　渡辺あきお
発行人　井澤彩野
発　行　株式会社 ハンナ
〒153-0061
東京都目黒区中目黒 3-6-4
中目黒 NN ビル 2F
Tel　03-5721-5222　Fax　03-5721-6226
http://www.chopin.co.jp
カバーデザイン　石田毅
印刷・デザイン　モリモト印刷株式会社